Vieweg Programmbibliothek
Taschenrechner Band 2

Helmut Alt/Harald Schumny (Hrsg.)

Taschenrechnerarithmetik mit erhöhter Genauigkeit (TI–59/HP–41C)

Friedr. Vieweg & Sohn   Braunschweig/Wiesbaden

CIP-Kurztitelaufnahme der Deutschen Bibliothek

Taschenrechnerarithmetik mit erhöhter Genauigkeit
(TI-59/HP-41C) / [d. Autoren d. Bd.: Peter G.
Polozek ...].—Braunschweig; Wiesbaden:
Vieweg, 1983.
  (Vieweg-Programmbibliothek Taschenrechner;
  Bd. 2)
  ISBN 978-3-528-04229-5   ISBN 978-3-322-91099-8 (eBook)
  DOI 10.1007/978-3-322-91099-8

NE: Polozek, Peter G. [Mitverf.]; GT

Die Autoren des Bandes:

Peter G. Poloczek

Kalbacher Hauptstraße 71, 6000 Frankfurt/Main 56

Studienrat für Mathematik und Physik

Karl Achilles

Neuenstraße 2, 2805 Stuhr 1

Studienrat für Mathematik, Physik und Informatik

Dr. Helmut Alt

Eichelhäherweg 6, 5100 Aachen

Lehrbeauftragter an der Fachhochschule Aachen

Hans Josef Claßen

Eifelstraße 124, 5190 Stolberg

Wehrdienstleistender bei der Bundeswehr

Manfred Sommerfeld

Waldreiterring 33, 2000 Hamburg 67

Student an der Fachhochschule Hamburg,
Technische Informatik

Manfred Troll

Karl-Saurmann-Straße 27, 7988 Wangen

1983

Satz: Friedr. Vieweg & Sohn, Braunschweig

Inhaltsverzeichnis

Einführung

In diesem zweiten Band der Vieweg Programmbibliothek Taschenrechner ist das Schwergewicht auf die Prüfung und Steigerung der Genauigkeit des Rechners gelegt.

Die Beiträge der ersten beiden Autoren P. G. Poloczek und K. Achilles geben hierzu programmtechnische Lösungsmöglichkeiten zur Erzielung doppelter Stellengenauigkeit an.

Der dritte Beitrag von H. Alt bietet ein Dialogprogramm zur numerisch-analytischen Lösung von linearen Differentialgleichungen an. Gegenüber der rein-numerischen Lösung nach dem Runge-Kutta-Verfahren läßt sich durch Programmierung der allgemeinen Lösungsgleichungen eine höhere Genauigkeit unabhängig vom Abstand zum Startwert erzielen.

H.-J. Claßen befaßt sich mit der altbekannten Problematik zur iterativen Berechnung der Kreiszahl.

Die beiden letzten Beiträge von M. Sommerfeld und M. Troll haben den gleichen mathematischen Hintergrund zur Bestimmung der Binominal-Koeffizienten.

Mit dieser in zwangloser Folge vorgesehenen Programmsammlung soll den Anwendern programmierbarer Taschenrechner ein Nachschlagefundus allgemeiner und spezieller problemorientierter Programme zur Vermeidung von Doppelarbeiten bereitgestellt werden.

Die Herausgeber

Doppeltgenaue Arithmetik, TI–59
von Peter G. Poloczek

Obwohl die TI-58(C)/59 intern mit dreizehn Stellen rechnen, ist – besonders im Exponentialformat – die erreichte
Rechengenauigkeit oft nicht ausreichend. Da schon einige
Programm existieren, die den Rechenbereich in den verschiedenen Grundrechenarten ausdehnen, wurde hier versucht, in einem
geschlossenen Programm soviele Rechenarten wie möglich mit
möglichst hoher Genauigkeit in einem vertretbaren Zeitauf-
wand bereitzustellen.

1 PROBLEMSTELLUNG

1.1 Eingabemöglichkeiten

Das Programm DOPPELTGENAUE ARITHMETIK soll möglichst viele
Rechenarten in einer zwanzigstelligen Genauigkeit ausführen.
Die für die Rechnung zu benutzenden Zahlen können auf ver-
schiedene Arten bereitgestellt werden:
- direkte Eingaben der je zehnstelligen Anteile mit korrekten
  Exponenten,
- Erzeugung einer zwanzigstelligen Zahl durch Addition zwei-
  er zehnstelliger Eingaben,
- Erzeugung einer zwanzigstelligen Zahl durch Multiplika-
  tion zweier zehnstelliger Eingaben,
- Radizieren einer zehnstelligen Zahl mit zwanzigstelligem
  Ergebnis.
Wie unten gezeigt werden wird, sind hiermit auch die Mög-
lichkeiten der Subtraktion oder Division zweier zehnstelliger zu einer zwanzigstelligen Zahl bereitgestellt.

1.2 Möglichkeiten des Programmes

Neben den unter 1.1 beschriebenen Verfahren leistet das
Programm: Addition, Subtraktion, Multiplikation und Division
von jeweils zwanzigstelligen Zahlen mit zwanzigstelligem
(doppeltgenauen) Ergebnis. Es wurde hier eine Gleitkommaarith-
metik realisiert, d.h., das Komma kann an beliebiger Stelle
stehen, auch mit Exponenten kann in beliebiger Form gerechnet
werden. Doppeltgenaues Radizieren ist ebenfalls möglich.
Der Programmteil, der dieses leistet, sei im weiteren mit
P1 bezeichnet, und nimmt die ersten 480 Schritte des Programmes ein.
Weiterhin existiert ein Programmteil P2 auf den Schritten
480 bis 718. Er erlaubt diverse Speicheroperationen für
doppeltgenaue Zahlen und damit Kettenrechnungen. Außerdem
können in P2 über Reihen die doppeltgenauen Werte für doppeltlange Argumente der Funktionen sin x, cos x, tan x, arctan x,
e^x bestimmt werden. Ferner steht PI als zwanzigstellige Konstante zur Verfügung sowie einige Routinen, die das Programm
anwenderfreundlicher gestalten.

1.3 Konzeption des Programms

Die ersten beiden Blocks, die – wie oben beschrieben – die
doppeltgenaue Arithmetik (DGA) an sich enthalten, sind be-
wußt als isoliertes Programm geschrieben. Das erklärt einige
programmtechnische Eigenarten. Hier wurde auch zugunsten von
freien Programmspeicherplätzen auf direkte Adressierung ver-
zichtet. Wird dieser Teil der DGA isoliert betrieben, stehen
dem Anwender die Register 8, 10, sowie 22-59 zur Verfügung.
Der dritte Block ist praktisch ein Oberprogramm, das alle
Routinen von P1 als Unterprogramme verwendet. Es ist austausch-
bar, die Programmierung anderer als der hier realisierten Routinen ist jederzeit möglich. Die hier verwendete Adressie-
rungsart ist: direkt.

1.4 Ausgabemodi

Grundsätzlich ist eine "standardisierte" Ausgabe möglich,
die aber praktisch nur bei der Addition zehnstelliger Zahlen
erreicht wird. Hier wird der erste Teil des Ergebnisses kom-
marichtig ausgegeben, der zweite Abschnitt muß einfach ange-
hängt werden.Fast alle anderen Rechenergebnisse werden jedoch als zwei zehnstellige Zahlen mit verschiedenen Exponenten ausgegeben. Dies vermeidet die Problematik der "führen-
den Nullen", die ja unter Umständen nicht ausgedruckt werden.

2 GRUNDLAGEN DES PROGRAMMES

Die hier benötigten Formeln verlangen alle eine optimale
beziehungsweise treue Rundung von Zwischenergebnissen.
Dies wird durch das Unterprogramm mit dem Label EE erreicht.
Nach fast jeder Rechenoperation muß also dieses Unterprogramm
durchlaufen werden – dies erklärt die relativ langen Laufzei-
ten der Rechnungen. Andererseits können bestimmte Zwischenwerte auch erst nach der Durchführung mehrererTeilschritte
gerundet werden. Dies wurde sooft wie möglich durchgeführt
und erklärt wiederum leichte Abweichungen des Programmablaufs
von den angegebenen Formeln.
Das Unterprogramm "EE" wurde von Thomas Edling entworfen und
zum ersten Mal in [1] veröffentlicht. Ohne dieses Programm-
stück sind die verwendeten Formeln sinnlos.

2.1 Einfachgenaue Rechnungen mit doppeltgenauem Ergebnis

Die hier – wie auch in 2.2–vorgestellten Formeln wurden nach
[2] in einem Artikel von W.Frangen in [3] dargestellt. Für
die Übernahme in dieses Programm waren leichte Modifikationen notwendig.

<u>Vereinbarung:</u>-Einfachlang auszuwertende arithmetische Ausdrük-
ke werden in Klammern gesetzt. (...)

-Alle Rechnungen sollen Ergebnisse in optimal
oder treu gerundeter Form bringen.
-Eine doppeltgenaue Zahl wird in der STANDARD-
FORM $x+\hat{x}$ dargestellt.

2.1.1 Doppeltgenaue Summe

Eingabe: x, y   ; Ergebnis: z, $\hat{z}$

$$z = (\ x+y\ ), \quad p = (\ z-x\ ), \quad z_1 = (\ y-p\ ),$$
$$q = (\ z-p\ ), \quad z_2 = (\ q-x\ ), \quad \hat{z} = (\ z_1-z_2\ )$$
(1)

Zur Korrektur wird weiterhin berechnet:

$$r = (\ \hat{z}-z\ ), \quad c = (\ r+z\ ), \quad s = (\ z+c\ ), \quad \hat{s} = (\ \hat{z}-c\ ) \quad (2)$$

2.1.2 Doppeltgenaues Produkt

Jeder der beiden Faktoren u und v wird in zwei fünfstellige
Summanden u′ und u` sowie v′ und v` zerlegt, von denen der
erste optimal gerundet ist. Dann gilt:

$$x = (u′\,{*}v′), \quad y = (\ u′\,{*}v` + u`\,{*}v′\ ), \quad t = (\ x+y\ ),$$
$$p = (\ t-x\ ), \quad t_1 = (\ y-p\ ), \quad \hat{t} = (\ u`\,{*}v` + t_1\ )$$
(3)

Für die Maschinenmultiplikation "*" muß treue Rundung vorausgesetzt werden.

Die Zerlegung von u in u′ und u` kann vorgenommen werden
mit: u′ = ROUND(u), u` = (u-u′)   in FIX 4. Diese ROUND-
funktion wird in der DGA wiederum über das Unterprogramm EE
vorgenommen, indem es in FIX 4 aufgerufen wird.

2.2 Doppeltgenaue Rechnungen mit doppeltgenauem Ergebnis

Im folgenden seien die Operanden $u+\hat{u}$ sowie $v+\hat{v}$ doppeltlang
ebenso wie das Ergenis $z+\hat{z}$.

2.2.1 Doppeltgenaue Addition

$s+\dot{s} = u+v$ (doppeltgenau nach (1)!), $y = (\dot{u} + \dot{v} + \dot{s})$

$z + \dot{z} = s + y$ $\qquad$ (4)

2.2.2 Doppeltgenaue Subtraktion

Das Vorzeichen des Subtrahenden wird umgekehrt, dann folgt
Addition nach (4).

2.2.3 Doppeltgenaue Multiplikation

$t + \dot{t} = u*v$, $b = (u*\dot{v} + \dot{u}*v)$, $y = (b+\dot{t})$,

$z + \dot{z} = t + y$ $\qquad$ (5)

2.2.4 Doppeltgenaue Division

Es sei: $\langle z + \dot{z}\rangle = \langle v + \dot{v}\rangle / \langle u + \dot{u}\rangle$. Dann gilt:
$c = (v/u)$, $t + \dot{t} = c * u$, $d = (v - t - \dot{t})$, $\qquad$ (6)
$r = (d - c * \dot{u})$, $y = (r / u + \dot{v} / u)$, $z + \dot{z} = c + y$
Voraussetzung: Treue Rundung der Maschinendivision "/".

2.2.5 Doppeltgenaues Radizieren

Es sei: $z + \dot{z} = SQR(u + \dot{u})$. Dann gilt:
$x = (SQR(u))$, $t + \dot{t} = x * x$, $d = (u - t - \dot{t})$,
$r = (d + \dot{u})$, $y = ((r / x) / 2)$, $z + \dot{z} = x + y$ $\qquad$ (7)
Vorausgesetzt ist die treue Rundung der maschinellen Quadratwurzel SQR(x).

2.3 Doppeltgenaue Sonderfunktionen

Über Reihenentwicklungen ist es möglich, einige Sonderfunktionen auf die doppeltgenauen Grundrechenarten zurückzuführen.
Mit P 2 der DGA können berechnet werden:

$$e^x \quad als \sum_{n=0}^{k} \frac{x^n}{n!} \quad sowie \quad sin\ (x) \quad als \sum_{n=1}^{k} (-1)^{(n-1)} \frac{x^{2n-1}}{(2n-1)!}$$

Das "k" ist durch folgende Abbruchbedingung bestimmt:
Der erste Teil des doppeltgenauen Ergebnissen muß kleiner
sein als $5*10^{-20}$.
Durch leichte Modifikationen einiger Programmschritte (s.u.)
lassen sich auch berechnen: arctan (x) sowie cos (x).

3 PROGRAMMBESCHREIBUNG

3.1 Rechenstruktur

Das Programm rechnet intern mit einem Zweier- , zum Teil
mit einem Dreierstack. Ein- und Ausgaberegister sind R11
(die ersten 10 Stellen) und R12, im weiteren bezeichnet
mit S1. R13 und R14 bilden das zweite Stackregister S2,
R05 und R06 das dritte, S3. R00 bis R04 sowie R07, R09
und R15 bis R21 bilden Zwischenwertspeicher für die Rechnungen nach (1) bis (7).
Flag 1 wird zur Ausgabe-(=Drucker-)Steuerung benutzt.
Alle diese Angaben beziehen sich auf P1.
Wird P2 zusätzlich geladen, belegt dies auch die Register
R08, R10 sowie R22 bis R29 (s.u.). Flag 2, 3 und 5 werden
für die verschiedenen Reihenberechnungen sowie wiederum zur
Druckersteuerung benutzt. Ebenso belegt P2 HIR 6 und HIR 7
bei der sin-Berechnung.
Es ist keinerlei Rechenhierarchie in das Programm implemen-
tiert. Diese ist nur über die Doppelregister D1 bis D4 (s.u.)
möglich.

3.2 Eingabe

3.2.1 Direkte Eingabe

Die zwei – jeweils mit korrekten Zehnerpotenzen versehenen –
Anteile z und $\dot{z}$ einer doppeltlangen Zahl können eingegeben
werden mit:

$$\underline{z}\ \underline{A}\ \underline{\dot{z}}\ \underline{R/S} \tag{8}$$

Eine zehnstellige Mantisse mit Exponenten erreicht man
über die Tastenfolge: $\underline{mant}\_\underline{*}\_\underline{1}\_\underline{EE}\ \underline{Ex}\_\underline{=}\_$, da die TI-58/59
intern mit 13 Stellen rechnen, obwohl in diesem Fall nur ei-
ne achtstellige Mantisse angezeigt wird.
Wie bei allen Eingabearten gilt auch bei dieser, dass ein
"Stacklift" durchgeführt wird, d.h., dass der vorherige Inhalt von S1 in S2 geschoben wird.

3.2.2 Eingabe über Addition zehnstelliger Zahlen
Zwei einfachlange Zahlen z_1 und z_2 werden zu einem doppeltlangen Ergebnis $z+\dot{z}$ verknüpft über die Eingabereihenfolge:

$$\underline{z_1}\ \underline{A}\ \underline{z_2}\ \underline{R/S}\ \underline{A'} \tag{9}$$

3.2.3 Eingabe über Subtraktion zehnstelliger Zahlen

Durch einen Vorzeichenwechsel von z_1 oder z_2 erreicht man
mit (9) eine doppeltlange Zahl als Resultat der Subtraktion
zweier einfachlanger Werte.

3.2.4 Eingabe über Multiplikation zehnstelliger Zahlen

Zwei einfachlange Zahlen z_1 und z_2 werden zu einem doppeltlange Ergebnis $z+\dot{z}$ multiplikativ verknüpft über die Eingaben-
reihenfolge:

$$\underline{z_1}\ \underline{A}\ \underline{\cdot}\ \underline{z_2}\ \underline{R/S}\ \underline{B} \tag{10}$$

3.2.5 Eingabe über Division zehnstelliger Zahlen

Wird statt z_2 die Tastenfolge z_2 1/x SBR EE
durchgeführt, erreicht man mit (10) eine Division z_1/z_2. $\qquad$ (11)

3.2.6 Eingabe über Radizieren zehnstelliger Zahlen

Aus der einfachlangen Zahl z_1 wird die Quadratwurzel
$z+\dot{z}$ gezogen über die Eingabereihenfolge:

z_1 A 0 R/S B′ $\qquad\qquad\qquad\qquad$ (12)

3.3 Doppeltgenaue Berechnungen

Im folgenden seinen die doppeltgenauen Berechnungen mit
doppelten Rechenzeichen benannt.

3.3.1 Doppeltgenaue Grundrechenarten

Die Ausführung (stackbezogen) sowie die Durchführung der
doppeltgenauen Grunrechenarten ist in T a b e l l e 1 dargestellt.

T a b e l l e 1 Doppeltgenaue Grundrechenarten

Rechenart	Label	Durchführung
++	C	S1:= S1 ++ S2
--	C′	S1:= S1 -- S2
**	D	S1:= S1 ** S2
//	D′	S1:= S1 // S2

Die Durchführung von "--" sowie "//" entspricht einer um-
gekehrten Eingabelogik!

3.3.2 Doppeltgenaue Sonderfunktionen

P1 bietet außer den bisher aufgeführten Berechnungsmöglichkeiten noch einige Sonderfunktionen:
- Doppeltgenaues Radizieren wird erreicht über B' und bewirkt: $S1 := SQR (S1)$.
- Über SBR EXC kann S1 nach S2 kopiert werden, sodass mit D dann die Quadratur ermöglicht wird.

3.4 Ausgabe

Der Rechner zieht im allegemeinen vor, im FIX-9-Format zu arbeiten, das gegenüber einer allgemeinen Exponentialdarstellung unter Umständen weniger signifikante Stellen zeigt.
Allerdings zeigt auch die Exponentialdarstellung nur acht signifikante Ziffern, das Programm verlangt aber deren zehn. Für die Ausgabe wurde also folgendes Verfahren entwickelt: Direkt unter (oder bei manuellem Betrieb (siehe unten) direkt nach) der stellen- und exponentenrichtigen Ausgabe des betreffenden Anteils der Zahl werden noch einmal ohne Berücksichtigung des tatsächlichen Wertes zehn signifikante Stellen der Mantisse ausgegeben.
Die Ausgabenreihenfolge ist also:
- Wertrichtige Ausgabe der ersten zehn Stellen
- zehn signifikante Stellen des ersten Teils
- wertrichtige Ausgabe der zweiten zehn Stellen
- zehn signifikante Stellen des zweiten Teils.
Die Herstellung der signifikanten Stellen wird geleistet durch SBR 450 .

3.5 Erweiterungen durch P2

Der Programmteil P2 kann nicht isoliert betrieben werden, erweitert aber die Möglichkeiten von P1 beträchtlich.
Zur Vorbereitung von P2 ist das SBR 2nd Write aufzurufen, das die Speicherbereichsverteilung auf 719.29 ändert,

auf dem Drucker (wenn vorhanden) eine 3. ausdruckt, und mit
einem programmierten Lesebefehl auf die Eingabe von Block 3,
also P2, wartet.
Die Möglichkeiten die P2 bietet, seien im folgenden beschrieben.

3.5.1 Routinen zur Rechenerleichterung

P2 bietet 2 solcher Möglichkeiten. Sie können - wie alle
Routinen von P2 (außer sin und e^x) jederzeit in Anspruch ge-
nommen werden, ohne laufende Berechnungen zu stören.
- SBR P-R führt einen Austausch von S1 mit S2 aus. Dies kann
  sehr nützlich bei doppeltgenauen Divisionen oder Subtraktio-
  nen sein.
- SBR +/- gleicht die Vorzeichen der Ergebnisanteile anein-
  ander an, und ist damit eine unentbehrliche Hilfe beim tatsächlichen Auswerten der Ergebnisse. Für laufende Berechnungen, also für Zwischenwerte, ist diese Angleichung nicht
  notwendig.
- SBR PI bringt ein zwanzigstelliges PI mit Stacklift in S1.

3.5.2 Doppeltgenaue Register

P2 stellt dem Anwender vier doppeltlange Register - D1 bis
D4 zur Verfügung, die direkt an S1 gekoppelt sind. Jeder
STO-Befehl kopiert also S1 in eines dieser Register, jeder
RCL-Befehl kopiert den entsprechenden Registerinhalt mit
Stacklift in S1.
Durch diese Organisation können die Registerbefehle direkt
über indirekte Adressierung mit der Registernummer gekoppelt
werden. Es bewirken:
- n E (mit n=1,...,4) ein Abspeichern von S1 in D1 bis D4,
  je nach n.
- n E' (mit n=1,..,4) ein Abrufen des entsprechenden Regi-
  sterinhaltes nach S1 (siehe oben).

3.5.3 Sonderfunktionen über P2

Die folgenden Sonderfunktionen belegen alle vier Doppelregister sowie die Stacks und zwei HIR-Ebenen.
Nach jedem Iterationsschritt wird jeweils der zehnstellige erste Teil des aktuellen Reihengliedes zur Kontrolle der Konvergenz ausgedruckt (angezeigt). Numerische Grundlagen siehe 2.3.
- SBR ln_x berechnet doppeltgenau den Wert von e^x.
- SBR sin berechnet doppeltgenau den Wert von sin(x).
"x" ist hier selbstverständlich der jeweilige Inhalt von S1.

3.5.4 Weitere Möglichkeiten und Restriktionen

Unter bestimmten Bedingungen liefert SBR sin als Endwert nicht den Wert der Reihe, sondern den des letzten Reihengliedes.
Dies ließ sich aus Programmschrittmangel nicht mehr technisch beheben. Über die Tastenfolge 4 E´_SBR_Prt_ erhält man den korrekten Wert.
Bei der Berechnung dieser Reihe sind die Doppelregister auf folgende Art belegt:
D1 mit x, D2 mit x^n, D3 mit n! und D4 mit dem bisherigen Wert der Reihe.
Mit dem SBR sin ist auch der Wert der arctan-Reihe berechenbar. Die beiden Reihen unterscheiden sich nur dadurch, dass beim arctan mit 2n-1 statt (2n-1)! gerechnet wird. Durch das Umprogrammieren der Schritte_560/561_in _STO_26 kann mit SBR sin der arctan-Wert berechnet werden.
Grundsätzlich ist auch die Berechnung des cos-Wertes_möglich. Folgendes Vorgehen ist notwendig:
- Normale Eingabe des x-Wertes.
- Mit GTO 2nd sin das entsprechende Unterprogramm anspringen.
- Mit SST +/- die cos-Reihe generieren.
- Ablauf mit R/S starten
- Nach Ende der Berechnungen tatsächlichen cos-Wert mit
  1 E´_SBR_P-R_C´ berechnen.

Wenn Sie nun einen vorher berechneten sin-Wert über A einge-
ben, erhalten Sie über D' dann_den_zugehörigen_tan-Wert.
Selbstverständlich sind alle Argumente der trigonometrischen
Funktionen im Bogenmaß einzugeben.
Weiterhin besteht die Möglichkeit, S2 in S3 zu kopieren,
und zwar mit SBR PRD.

3.6 Kurzanleitung

Label/SBR	Wirkung
A	Eingabe
A'	Doppeltlange Addition einfachlanger Zahlen

Label/SBR	Wirkung
B	Doppeltlange Multiplikation einfachlanger Zahlen
B'	Doppeltgenaues Radizieren von S1
C	Doppeltgenaue Addition
C'	Doppeltgenaue Subtraktion
D	Doppeltgenaue Multiplikation
D'	Doppeltgenaue Division
E	Abspeichern in Doppelregister D1 bis D4
E'	Rückruf aus Doppelregister D1 bis D4
lnx	Doppeltgenaue Berechnung von e^x
sin	Doppeltgenaue Berechnung von sin(x)
Exc	Kopiert S1 in S2
PRD	Kopiert S2 in S3
P-R	Austausch S1 und S2
Pi	Zwanzigstelliges Pi in S1
+/-	Vorzeichenangleichung der Ergebnisteile
Write	Vorbereitung zum Einlesen von P2
PRT	Ausgabewiederholung

3.7 Manueller Betrieb

Sollte kein Drucker zur Verfügung stehen, kann das Programm
auch manuell betrieben werden. Nach allen Ausgaben ist dann
R/S zu drücken. Die Ausgabenreihenfolge ist die gleiche wie
im Druckerbetrieb.
Folgende Änderungen sind notwendig (T a b e l l e 2):

T a b e l l e 2
Änderungen für manuellen Betrieb

Programm-schritt	Zu Ändern in
143	R/S
150	R/S
462	R/S
467	PAU
583	R/S oder PAU

4 DAS PROGRAMM

4.1 Eingabe des Programmes
P1 laut Bild 1 eingeben. In Normalverteilung (479.59) auf
Magnetkarte schreiben.
Verteilung mit 3 OP 17 auf 719.29 ändern.
P2 eingeben und auf Magnetkarte sichern.(B i l d 2)
Die HIR-Befehle in P2 greifen auf die Rechenhierarchieregi-
ster zu und müssen synthetisch erzeugt werden. Den Befehl
HIR kann man zum Beispiel erzeugen mit der Tastenfolge:
STO 82_BST_BST_DEL_SST_. Ebenso verfährt man mit dem darauf-
folgenden zweistelligen Code.

000	76	LBL	053	42	STO	106	52	EE	159	03	03
001	43	RCL	054	11	11	107	85	+	160	58	FIX
002	43	RCL	055	92	RTN	108	43	RCL	161	04	04
003	12	12	056	42	STO	109	02	02	162	71	SBR
004	76	LBL	057	12	12	110	71	SBR	163	52	EE
005	52	EE	058	61	GTO	111	52	EE	164	22	INV
006	95	=	059	99	PRT	112	42	STO	165	58	FIX
007	42	STO	060	76	LBL	113	03	03	166	48	EXC
008	20	20	061	16	A'	114	85	+	167	18	18
009	52	EE	062	43	RCL	115	43	RCL	168	42	STO
010	95	=	063	11	11	116	02	02	169	15	15
011	52	EE	064	85	+	117	71	SBR	170	43	RCL
012	55	÷	065	71	SBR	118	52	EE	171	19	19
013	52	EE	066	43	RCL	119	42	STO	172	42	STO
014	00	0	067	42	STO	120	11	11	173	16	16
015	00	0	068	02	02	121	43	RCL	174	43	RCL
016	95	=	069	75	-	122	07	07	175	03	03
017	42	STO	070	43	RCL	123	75	-	176	75	-
018	21	21	071	11	11	124	43	RCL	177	43	RCL
019	22	INV	072	71	SBR	125	03	03	178	18	18
020	52	EE	073	52	EE	126	71	SBR	179	71	SBR
021	43	RCL	074	42	STO	127	52	EE	180	52	EE
022	20	20	075	03	03	128	42	STO	181	42	STO
023	55	÷	076	94	+/-	129	12	12	182	19	19
024	43	RCL	077	85	+	130	76	LBL	183	92	RTN
025	21	21	078	71	SBR	131	99	PRT	184	76	LBL
026	95	=	079	43	RCL	132	87	IFF	185	12	B
027	52	EE	080	42	STO	133	02	02	186	43	RCL
028	22	INV	081	04	04	134	01	01	187	11	11
029	52	EE	082	43	RCL	135	55	55	188	71	SBR
030	65	×	083	02	02	136	87	IFF	189	42	STO
031	43	RCL	084	75	-	137	01	01	190	43	RCL
032	21	21	085	43	RCL	138	01	01	191	12	12
033	95	=	086	03	03	139	55	55	192	71	SBR
034	24	CE	087	71	SBR	140	98	ADV	193	42	STO
035	92	RTN	088	52	EE	141	43	RCL	194	76	LBL
036	76	LBL	089	75	-	142	11	11	195	65	×
037	48	EXC	090	43	RCL	143	99	PRT	196	43	RCL
038	43	RCL	091	11	11	144	71	SBR	197	15	15
039	11	11	092	71	SBR	145	04	04	198	65	×
040	42	STO	093	52	EE	146	50	50	199	43	RCL
041	13	13	094	94	+/-	147	98	ADV	200	18	18
042	43	RCL	095	85	+	148	43	RCL	201	71	SBR
043	12	12	096	43	RCL	149	12	12	202	52	EE
044	42	STO	097	04	04	150	99	PRT	203	42	STO
045	14	14	098	71	SBR	151	71	SBR	204	00	00
046	92	RTN	099	52	EE	152	04	04	205	43	RCL
047	76	LBL	100	42	STO	153	50	50	206	15	15
048	11	A	101	07	07	154	98	ADV	207	65	×
049	32	X:T	102	75	-	155	92	RTN	208	43	RCL
050	71	SBR	103	43	RCL	156	76	LBL	209	19	19
051	48	EXC	104	02	02	157	42	STO	210	85	+
052	32	X:T	105	71	SBR	158	42	STO	211	43	RCL

<u>B i l d   1</u> **Programmlisting des P1 der DGA**

212	16	16	268	01	1	324	43	RCL	380	09	09
213	65	×	269	94	+/-	325	13	13	381	42	STO
214	43	RCL	270	49	PRD	326	71	SBR	382	11	11
215	18	18	271	13	13	327	42	STO	383	65	×
216	71	SBR	272	49	PRD	328	71	SBR	384	43	RCL
217	52	EE	273	14	14	329	65	×	385	06	06
218	42	STO	274	76	LBL	330	43	RCL	386	71	SBR
219	01	01	275	13	C	331	09	09	387	52	EE
220	85	+	276	71	SBR	332	85	+	388	55	÷
221	43	RCL	277	49	PRD	333	43	RCL	389	43	RCL
222	00	00	278	86	STF	334	12	12	390	05	05
223	71	SBR	279	01	01	335	76	LBL	391	85	+
224	52	EE	280	43	RCL	336	95	=	392	43	RCL
225	42	STO	281	05	05	337	71	SBR	393	14	14
226	11	11	282	42	STO	338	52	EE	394	55	÷
227	75	-	283	12	12	339	42	STO	395	43	RCL
228	43	RCL	284	43	RCL	340	12	12	396	05	05
229	00	00	285	13	13	341	16	A'	397	61	GTO
230	71	SBR	286	42	STO	342	22	INV	398	95	=
231	52	EE	287	11	11	343	86	STF	399	76	LBL
232	94	+/-	288	16	A'	344	01	01	400	17	B'
233	85	+	289	43	RCL	345	61	GTO	401	86	STF
234	43	RCL	290	14	14	346	99	PRT	402	01	01
235	01	01	291	85	+	347	76	LBL	403	71	SBR
236	71	SBR	292	43	RCL	348	19	D'	404	48	EXC
237	52	EE	293	06	06	349	86	STF	405	71	SBR
238	42	STO	294	85	+	350	01	01	406	49	PRD
239	04	04	295	43	RCL	351	71	SBR	407	43	RCL
240	43	RCL	296	12	12	352	49	PRD	408	11	11
241	16	16	297	61	GTO	353	43	RCL	409	34	√x
242	65	×	298	95	=	354	11	11	410	71	SBR
243	43	RCL	299	76	LBL	355	55	÷	411	52	EE
244	19	19	300	14	D	356	43	RCL	412	42	STO
245	85	+	301	86	STF	357	05	05	413	09	09
246	43	RCL	302	01	01	358	71	SBR	414	71	SBR
247	04	04	303	71	SBR	359	52	EE	415	42	STO
248	71	SBR	304	49	PRD	360	42	STO	416	43	RCL
249	52	EE	305	43	RCL	361	09	09	417	18	18
250	42	STO	306	05	05	362	71	SBR	418	42	STO
251	12	12	307	65	×	363	42	STO	419	15	15
252	61	GTO	308	43	RCL	364	43	RCL	420	43	RCL
253	99	PRT	309	14	14	365	05	05	421	19	19
254	76	LBL	310	85	+	366	71	SBR	422	42	STO
255	49	PRD	311	43	RCL	367	42	STO	423	16	16
256	43	RCL	312	06	06	368	71	SBR	424	71	SBR
257	13	13	313	65	×	369	65	×	425	65	×
258	42	STO	314	43	RCL	370	43	RCL	426	43	RCL
259	05	05	315	13	13	371	13	13	427	05	05
260	43	RCL	316	71	SBR	372	75	-	428	75	-
261	14	14	317	52	EE	373	43	RCL	429	43	RCL
262	42	STO	318	42	STO	374	11	11	430	11	11
263	06	06	319	09	09	375	75	-	431	75	-
264	61	GTO	320	43	RCL	376	71	SBR	432	71	SBR
265	48	EXC	321	05	05	377	43	RCL	433	43	RCL
266	76	LBL	322	71	SBR	378	75	-	434	85	+
267	18	C'	323	42	STO	379	43	RCL	435	43	RCL

436	06	06	447	02	2	458	22	INV	469	17	17
437	71	SBR	448	61	GTO	459	52	EE	470	03	3
438	52	EE	449	95	=	460	95	=	471	22	INV
439	55	÷	450	65	×	461	24	CE	472	96	WRT
440	43	RCL	451	28	LOG	462	99	PRT	473	91	R/S
441	09	09	452	24	CE	463	92	RTN	474	68	NOP
442	42	STO	453	59	INT	464	76	LBL	475	68	NOP
443	11	11	454	94	+/-	465	96	WRT	476	68	NOP
444	71	SBR	455	22	INV	466	03	3	477	68	NOP
445	52	EE	456	28	LOG	467	99	PRT	478	68	NOP
446	55	÷	457	52	EE	468	69	OP	479	68	NOP

480	65	×	511	48	EXC	542	01	1	573	25	25
481	02	2	512	73	RC*	543	42	STO	574	19	D'
482	85	+	513	08	08	544	10	10	575	05	5
483	02	2	514	42	STO	545	42	STO	576	52	EE
484	00	0	515	11	11	546	26	26	577	02	2
485	95	=	516	69	OP	547	15	E	578	00	0
486	42	STO	517	28	28	548	02	2	579	94	+/-
487	08	08	518	73	RC*	549	15	E	580	32	X:T
488	92	RTN	519	08	08	550	04	4	581	43	RCL
489	76	LBL	520	42	STO	551	15	E	582	11	11
490	15	E	521	12	12	552	00	0	583	99	PRT
491	71	SBR	522	92	RTN	553	42	STO	584	77	GE
492	04	04	523	76	LBL	554	27	27	585	05	05
493	80	80	524	37	P/R	555	01	1	586	89	89
494	43	RCL	525	43	RCL	556	44	SUM	587	86	STF
495	11	11	526	11	11	557	10	10	588	03	03
496	72	ST*	527	48	EXC	558	43	RCL	589	22	INV
497	08	08	528	13	13	559	10	10	590	87	IFF
498	69	OP	529	42	STO	560	49	PRD	591	05	05
499	28	28	530	11	11	561	26	26	592	06	06
500	43	RCL	531	43	RCL	562	02	2	593	15	15
501	12	12	532	12	12	563	10	E'	594	01	1
502	72	ST*	533	48	EXC	564	01	1	595	94	+/-
503	08	08	534	14	14	565	10	E'	596	82	HIR
504	92	RTN	535	42	STO	566	14	D	597	46	46
505	76	LBL	536	12	12	567	02	2	598	82	HIR
506	10	E'	537	92	RTN	568	15	E	599	16	16
507	71	SBR	538	76	LBL	569	03	3	600	29	CP
508	04	04	539	23	LNX	570	10	E'	601	22	INV
509	80	80	540	86	STF	571	71	SBR	602	77	GE
510	71	SBR	541	02	02	572	05	05	603	06	06

<u>B i l d</u> 2: Programmauflistung P2 der DGA

604	20	20	633	48	EXC	662	05	5	691	12	12
605	01	1	634	01	1	663	94	+/-	692	69	OP
606	94	+/-	635	42	STO	664	65	×	693	10	10
607	82	HIR	636	11	11	665	01	1	694	94	+/-
608	47	47	637	00	0	666	52	EE	695	95	=
609	82	HIR	638	42	STO	667	01	1	696	44	SUM
610	17	17	639	12	12	668	00	0	697	12	12
611	49	PRD	640	13	C	669	94	+/-	698	22	INV
612	11	11	641	22	INV	670	95	=	699	44	SUM
613	49	PRD	642	86	STF	671	22	INV	700	11	11
614	12	12	643	02	02	672	52	EE	701	61	GTO
615	04	4	644	61	GTO	673	61	GTO	702	99	PRT
616	10	E'	645	99	PRT	674	00	00	703	76	LBL
617	13	C	646	76	LBL	675	56	56	704	38	SIN
618	04	4	647	89	π	676	76	LBL	705	01	1
619	15	E	648	89	π	677	94	+/-	706	82	HIR
620	22	INV	649	71	SBR	678	43	RCL	707	06	06
621	87	IFF	650	52	EE	679	12	12	708	82	HIR
622	03	03	651	11	A	680	50	I×I	709	07	07
623	05	05	652	04	4	681	28	LOG	710	86	STF
624	55	55	653	93	.	682	59	INT	711	05	05
625	22	INV	654	01	1	683	95	=	712	71	SBR
626	86	STF	655	00	0	684	22	INV	713	05	05
627	03	03	656	02	2	685	28	LOG	714	40	40
628	87	IFF	657	00	0	686	52	EE	715	22	INV
629	05	05	658	06	6	687	22	INV	716	86	STF
630	06	06	659	07	7	688	52	EE	717	05	05
631	41	41	660	06	6	689	65	×	718	91	R/S
632	71	SBR	661	01	1	690	43	RCL	719	00	0

4.2 Kommentare/Programmablauf

Da das Programm überwiegend linear nach den Beziehungen
(1) bis (7) aufgebaut ist, und nur einige Unterprogramme
zur Schrittersparnis erstellt wurden, sollte ein Kommentar
anhand der Schrittnummern zum genauen Verständnis des Ablaufs
ausreichen. Einzige Abfragen sind die Flags zur Ausdruckun-
terdrückung von Zwischenergebnissen (1 sowie 2), Flag 3 zur
Abbruchabfrage bei e^x und sin (x) sowie 5 zur Kennung der
sin-Berechnung. Kommentare siehe T a b e l l e 3.

T a b e l l e 3 Kommentare zum Programmablauf der DGA

Schritt-Nummer	Wirkung
000-003	Unterprogramm zur Schrittersparnis
004-035	Lbl EE zur Rundung auf zehnstellige Mantisse
036-046	Lbl Exc Kopie S1 in S2
047-059	Lbl A Eingabe der zwei Teile einer doppeltlangen Zahl, Sprung zur Ausdruckroutine (Lbl PRT)
060-129	Doppeltgenaue Addition einfachlanger Zahlen nach (1) bis (2).
130-155	Ausdruckroutine mit Flagsteuerung und Aufruf von SBR 450 ("Erstellung einer zehnstelligen Mantisse")
156-183	Lbl STO Zerlegung einer Zahl nach 2.1.2
184-253	Doppeltgenaues Produkt einfachlanger Zahlen nach (3), Unterprogramm (Lbl "x") abgegrenzt zur späteren Rechenzeitersparnis. Lbl B.
254-265	Lbl PRD Kopie S2 in S3. Sprung zu ECX.
266-273	Lbl C'.Vorzeichenumkehr zur doppeltgenauen Subtraktion.
274-298	Lbl C Doppeltgenaue Addition, Sprung zu Lbl = zur Rechenzeitersparnis. (4)
299-346	Lbl D Doppeltgenaue Multiplikation. Beinhaltet Lbl =. (5)
347-398	Lbl D'. Doppeltgenaue Division nach (6)
399-449	Lbl B'. Doppeltgenaues Radizieren nach (7)
450-463	Erstellung einer - zehn signifikante Stellen zeigenden - Mantisse und Ausdruck.
464-473	Lbl Write zur Vorbereitung zur Aufnahme von P2.
- - - - - -	- -
480-488	Berechnung der indirekten Adresse der Doppelregister
489-504	Lbl E, Abspeichern in D1 bis D4
505-522	Lbl E', Rückruf aus D1 bis D4 mit Stacklift
523-537	Lbl P-R, Austausch S1 mit S2

Fortsetzung **T a b e l l e 3**

Schritt-nummer	Wirkung
538-645	Reihenentwicklung für e^x und sin(x) je nach Flag-steuerung über Berechnung des aktuellen Reihen-gliedes und Summation.
646-675	Erzeugung eines doppeltlange PI mit Stacklift.
676-702	Lbl +/- zur Vorzeichenangleichung der Ergebnis-teile und Sprung zur Ausdruckroutine.
703-718	Lbl sin, Hauptprogramm zur sin-Berechnung mit Generierung der Reihe und Flagsteuerung.

5 BEISPIELE

Zum Test des Programmes sollen drei Beispielaufgaben gelöst
werden, die verschiedene Bereiche des Programms ansprechen:

5.1 Berechnung von $\frac{1}{7}*3$

Eingabereihenfolge sowie Ausgabeprotokoll und Kommentare
siehe T a b e l l e 4.

T a b e l l e 4 Erstes Beispiel zur DGA

Eingabe	Tasten-druck	Anzeige	Druckprotokoll	Bemerkungen
0		1.		Block 1 und
0		2.		2 einlesen
7	A	7.		
0	R/S	wie Druck-streifen	7. 7. 0. 0.	1.Teil der Zahl & Man-tisse 2.Teil

Fortsetzung <u>T a b e l l e 4</u>

Eingabe	Tasten-druck	Anzeige	Druckprotokoll	Bemerkungen
1 0	A R/S	s.o.	1. 1. 0. 0.	2.Zahl ein- geben
	D′		.1428571429 .1428571429 -4.2857143-11 -.4285714286	Division,52′′ 1.Erg.teil 2.Erg.teil 10-stlg.Mant.
	SBR 2nd Write SBR +/-		3. .1428571428 .1428571428 .0000000001 .5714285714	zur Vorzeichen- angleichung: Block 3 einlesen Korrigiertes Ergebnis
3 0	A R/S		3. 3. 0. 0.	Eingabe der Zahl 3
	D		.4285714286 .4285714286 -2.8571429-11 -0.285714286	Multiplikation 47′′
	SBR +/-		.4285714285 .4285714285 .0000000001 0.714285714	Zur Vorzeichen- angleichung Korrigiertes Ergebnis

Setzt man die beiden Teilergebnisse zusammen, ergibt sich
das endgültige Endergebnis zu: 0.42857142857142845714_.

5.2 Berechnung von $(SQR(10))^2$

Den Rechenweg zeigt T a b e l l e 5.

T a b e l l e 5: Berechnung von $(SQR(10))^2$

Eingabe	Tasten- druck	Anzeige	Druckprotokoll	Bemerkungen
10	A	10.		Eingabe der Zahl 10
0	R/S	wie Druck- streifen	10. 1.	Zahl(1.Teil) Mantisse
			0. 0.	Zahl(2.Teil) Mantisse
	B′		3.16227766 3.16227766	Berechnung von SQR(10)
			.0000000002 0.168379332	Mantisse d.2.T.
	SBR EXC			Kopie S1 in S2
	D		10. 1.	Quadratur durch Multiplikation
			0. 0.	

Für SQR(10) ergibt sich also doppeltgenau: 3.162277660168379332
Die Quadratur ergibt wieder exakt 10.

5.3 Berechnung von e auf zwanzig Stellen

Zur doppeltlangen Berechnung der Zahl e wird e^1 berechnet.
Das Ergebnis zeigt T a b e l l e 6.

T a b e l l e   6: Doppeltgenaue Berechnung von e

Eingabe	Tasten-druck	Anzeige	Druckprotokoll	Bemerkungen
1	A	s.o.	1.	Eingabe der
0	R/S		1.	Zahl 1
			0.	
			0.	
	SBR lnx		5. -01	Doppeltge-
			1.6666667-01	naue Berechnung
			4.1666667-02	von e^1; Aus-
			8.3333333-03	druck der Rei-
			1.3888889-03	henglieder zur
			1.984127-04	Kontrolle der
			2.4801587-05	Iteration
			2.7557319-06	
			2.7557319-07	
			2.5052108-08	
			2.0876757-09	
			1.6059044-10	
			1.1470746-11	
			7.6471637-13	
			4.7794773-14	
			2.8114573-15	
			1.5619207-16	
			8.2206352-18	
			4.1103176-19	Abbruchbedingung
			1.9572941-20	erfüllt
			2.718281828	
			2.718281828	
			.0000000005	= e
			.4590459832	

Doppeltlang ergibt sich also für "e" der Wert:

2.718281828459045932.

Bei manueller Rechnung erfolgt nach jeder Ausdruckzeile ein
Stop; es muß mit R/S wieder gestartet werden.

LITERATURVERZEICHNIS

[1] B . K ö h l e r / P . G . P o l o c z e k, Deutsches
    Begleitbuch zum RPN-Modul, TI-58/59-Software-Club,
    Frankfurt/M, 1980

[2] D e k k e r, T . J . ; A floating-point Technique for
    Extending the Available Precision, Numer.Math. 18, 224-
    242 (1971)

[3] D i s p l a y, Zeitschrift des MICAC, Köln, V5N6/27ff.

Doppeltgenaue Multiplikation, TI–58/59
von Karl Achilles

1. Aufgabenstellung:

Von zwei höchstens zehnstelligen Zahlen a,b wird das Produkt mit
sämtlichen Stellen berechnet.
Haben a und b je z Stellen, so ist das Produkt a·b maximal 2z-
stellig. Ein Rechner mit zehnstelliger Anzeige kann also ein
Produkt nur dann exakt berechnen, wenn die Summe der Stellen-
zahlen der Faktoren höchstens gleich zehn ist.Ist diese Summe
gleich elf, so läßt sich in vielen Fällen das exakte Ergebnis
berechnen (z.B. 30000·250000=7500000000), für weitaus größere
Faktoren mit derselben Stellenzahl ist dies jedoch nicht möglich (z.B. 51234·690287= ... Anzeige: 3.5366164 10).
Mit dem folgenden Algorithmus lassen sich auch Produkte mit bis
zu zwanzig Stellen berechnen. a,b sind natürliche Zahlen.

2. Beschreibung des Lösungsweges:

Entsprechend der Vorgehensweise bei der schriftlichen Multiplikation wird die erste Zahl a mit den einzelnen Ziffern b_i
der zweiten Zahl b multipliziert. Die Zwischenergebnisse
$c_i = a \cdot b_i$ müssen anschließend stellenwertrichtig in zwei verschiedenen Registern aufsummiert werden. Im Register R5 werden
die ersten 10 Stellen, im Register R6 die letzten 10 Stellen
des Produktes abgespeichert. Dies geschieht folgendermaßen:
Zunächst berechnet man $d_i = c_i/(10^i)$ und addiert den ganzzahligen
Anteil von d_i, kurz $\mathrm{INT}(d_i)$, zum Inhalt des Registers R5.
Das 10^z-fache des gebrochenen Anteils von d_i, kurz $10^z \cdot \mathrm{FRAC}(d_i)$,
wird zum Inhalt des zweiten Registers R6 addiert. Die Zahl z
(Stellenzahl in der Anzeige des Rechners) beträgt für den TI59
10. Der Übertrag von R6 auf R5 wird errechnet, indem der ganz-
zahlige Anteil $\mathrm{INT}(\text{Inhalt von } R6/10^z)$ gebildet wird. Diese
Zahl wird zum Inhalt von R5 addiert, während das 10^z-fache der
Zahl vom Inhalt des Registers R6 subtrahiert werden muß.
Das Struktogramm 3.1. beschreibt den Algorithmus.

3. Programmbeschreibung:

3.1. STRUKTOGRAMM.

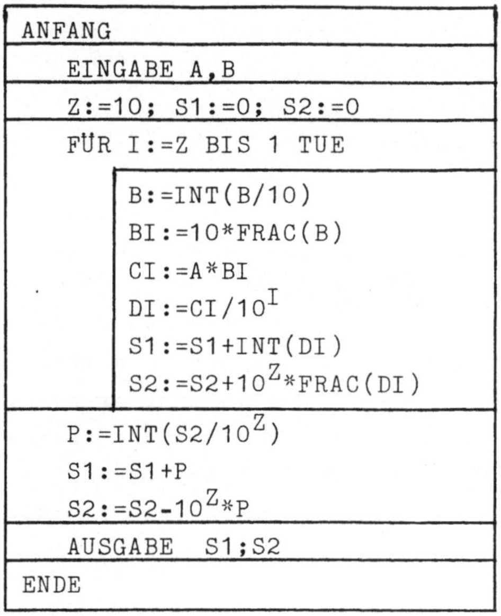

Erläuterungen:

<table>
<tr><td colspan="2">ANFANG</td></tr>
<tr><td></td><td>EINGABE A,B</td></tr>
<tr><td colspan="2">Z:=10; S1:=0; S2:=0</td></tr>
<tr><td colspan="2">FÜR I:=Z BIS 1 TUE</td></tr>
<tr><td></td><td>B:=INT(B/10)
BI:=10*FRAC(B)
CI:=A*BI
DI:=CI/10^I
S1:=S1+INT(DI)
S2:=S2+10^Z*FRAC(DI)</td></tr>
</table>

$$B:=INT(B/10)$$
$$BI:=10*FRAC(B)$$
$$CI:=A*BI$$
$$DI:=CI/10^I$$
$$S1:=S1+INT(DI)$$
$$S2:=S2+10^Z*FRAC(DI)$$
$$P:=INT(S2/10^Z)$$
$$S1:=S1+P$$
$$S2:=S2-10^Z*P$$

AUSGABE   S1;S2

ENDE

Erläuterungen:

Z — Maximale Stellenzahl in der Anzeige des Rechners

$S1$ — Summiert die ersten 10 Stellen des Produkts auf

$S2$ — Summiert die letzten 10 Stellen des Produkts auf

P — Übertrag von $S2$ nach $S1$

$INT(X)$ — Ganzzahliger Anteil von X

$FRAC(X)$ — Nachkommateil von X

$*$ — Multiplikation

Division

3.3. Programmlisting:

Das Programm ist , ähnlich wie das Struktogramm, in folgende
Einheiten unterteilt:

- Eingabeteil
- Schleife (von $I=Z$ bis 1)
- Berechnung von $S1$ und $S2$
- Ausgabe von $S1$ und $S2$

Im Eingabeteil wird der Wert 10 für Z im Register R0 abgespeichert. R0 dient gleichzeitig als Speicher für I, das
von Z bis 1 laufen muß. Die Tastenfolge INV LOG EE INV EE
bewirkt, daß 10^Z bzw. 10^I ohne Rundungsfehler gebildet werden.

Listing (TI59):

ADR	CODE	TASTE		
000	76	LBL		
001	15	E		
002	47	CMS		
003	42	STO		
004	01	01		
005	91	R/S		
006	42	STO		
007	02	02		
008	01	1		
009	00	0		
010	42	STO		
011	00	00		
012	22	INV	Berechne	
013	28	LOG	10^Z	
014	52	EE		
015	22	INV		
016	52	EE		
017	42	STO		
018	03	03		
019	76	LBL	Schleifen-	
020	11	A	anfang	
021	43	RCL		
022	02	02		
023	55	÷		
024	01	1		
025	00	0		
026	95	=		
027	42	STO		
028	02	02		
029	59	INT	INT(B/10)	
030	48	EXC		
031	02	02		
032	22	INV		
033	59	INT	FRAC(B)	
034	65	x		
035	01	1		
036	00	0		
037	65	x		
038	43	RCL		
039	01	01		
040	55	÷		
041	43	RCL		
042	00	00	Berechne	
043	22	INV	10^I	
044	28	LOG		

ADR	CODE	TASTE		
045	52	EE	Runde auf	
046	22	INV	10 Stellen	
047	52	EE		
048	95	=		
049	42	STO		
050	04	04		
051	59	INT	INT(DI)	
052	44	SUM		
053	05	05		
054	43	RCL		
055	04	04		
056	22	INV	FRAC(DI)	
057	59	INT		
058	65	x		
059	43	RCL		
060	03	03		
061	95	=		
062	44	SUM		
063	06	06		
064	97	DSZ	Schleifen-	
065	00	0	ende	
066	11	A		
067	43	RCL		
068	06	06		
069	55	÷		
070	43	RCL		
071	03	03		
072	95	=		
073	59	INT	INT($S2/10^Z$)	
074	44	SUM		
075	05	05		
076	65	x		
077	43	RCL		
078	03	03		
079	95	=		
080	22	INV		
081	44	SUM		
082	06	06		
083	43	RCL		
084	05	05		
085	91	R/S	Ausgabe S1	
086	43	RCL		
087	06	06		
088	91	R/S	Ausgabe S2	

3.4. Speicherbelegungsplan:

R0   Schleifenvariable I (zu Beginn auch Stellenzahl Z)
R1   Erste Zahl A
R2   Zweite Zahl B
R3 10^Z
R4   DI
R5   S1
R6   S2

3.5. Bedienungsanleitung:

- Erste Zahl A eingeben und Taste E betätigen
- Zweite Zahl B eingeben und Taste R/S betätigen
- Die ersten 10 Stellen des Produkts ablesen (führende Nullen werden nicht angezeigt !)
- Taste R/S betätigen und die letzten 10 Stellen ablesen (auch hier werden führende Nullen nicht angezeigt !)

4. Anwendungsbeispiele:

4.1.   - 9999999999 eingeben , Taste E betätigen
       - 9999999999 eingeben , Taste R/S betätigen
       - Zahl 9999999998 wird angezeigt; Taste R/S betätigen
       - Zahl 1 wird angezeigt
       Bei der zweiten Ausgabe werden 9 führende Nullen nicht angezeigt, also lautet das exakte Ergebnis
                    99999999980000000001

4.2.   - 37654 eingeben , Taste E betätigen
       - 10041 eingeben , Taste R/S betätigen
       - Zahl 0 wird angezeigt; Taste R/S betätigen
       - Zahl 378083814 wird angezeigt; dies ist auch gleichzeitig das Ergebnis des Produkts.

5. Literatur:

W.Blendin: Doppeltgenaues Rechnen mit programmierbaren
             Rechnern.
             PRAXIS der Mathematik (PM) , 10/79 ,
             AULIS Verlag

Numerisch-analytische Lösung linearer Differentialgleichungen, HP–41 C

von Helmut Alt

1.   ALLGEMEINES

Bei der Beschreibung technischer Probleme mit zwei Energiespeichern z.B.
Feder-Massesysteme in der Dynamik oder RLC-Schaltungen in der Elektro-
technik, treten lineare Differentialgleichungen 2.Ordnung auf. Diese Glei-
chungen können unter Einbeziehung der Anfangsbedingungen durch Auflösung der charakteristischen Gleichung aus dem Lösungsansatz $ke^{\alpha t}$ für die
homogene Lösung und Ansatz in Form des Störgliedes für die partikuläre
Lösung oder mit Hilfe der Laplace-Transformation in bekannter Weise gelöst
werden.

Nachfolgend wird eine Lösungsmöglichkeit unter Zuhilfenahme eines programmierbaren Taschenrechners HP41C aufgezeigt und anhand von Beispielen für
die einzelnen Geltungsbereiche der verschiedenen allgemeinen Lösungsansätze
erläutert. Durch die numerische Auswertung der analytischen Lösung wird
hierbei gegenüber der schrittweisen numerischen Lösung z.B. nach dem
Runge-Kutta-Verfahren eine höhere Genauigkeit erzielt. Außerdem kann die
Lösung zu jedem beliebigen Argument unmittelbar aufgerufen werden.

2.   LÖSUNGSWEG

Um alle beliebigen Aufgabenstellungen des vorgegebenen Gleichungstyps einer Differentialgleichung 2.Ordnung mit konstanten Koeffizienten und kon-
stanter Störfunktion abdecken zu können, müssen sowohl die Koeffizienten
der Differentialgleichung als auch die Anfangsbedingungen in allgemeiner
Form definiert werden:

$$y'' + c_1 y' + c_0 y = A \tag{1}$$

Kennzeichnend für die verschiedenen Lösungsansätze ist die Diskriminante der charakteristischen Gleichung:

$$\alpha^2 + c_1\alpha + c_0 = 0 \tag{2}$$

$$\alpha_{12} = -\frac{c_1}{2} \pm \sqrt{\frac{c_1^2}{4} - c_0} = -\frac{c_1}{2} \pm \sqrt{-D} \tag{3}$$

Für die Diskriminante D gilt:

$$D = c_0 - \frac{c_1^2}{4} = k^2 \tag{4}$$

Man unterscheidet folgende Lösungsfälle:

a) $D < 0$ d.h. α_1, α_2 reell (aperiodisch)

b) $D > 0$ d.h. α_1, α_2 konjugiert komplex (Schwingung)

c) $D = 0$ d.h. $\alpha_1 = \alpha_2$ reell (aperiodischer Grenzfall)

Für diese drei Fälle gelten folgende allgemeine Lösungen:

a) $D < 0$: $k = \sqrt{|D|}, \quad \alpha_{1,2} = -\frac{c_1}{2} \pm k$

$$y(t) = \frac{1}{2k} \{ A [\frac{1}{\alpha_1}(e^{\alpha_1 t} -1) - \frac{1}{\alpha_2}(e^{\alpha_2 t} -1)]$$
$$+ y'(0)(e^{\alpha_1 t} - e^{\alpha_2 t}) + y(0)(\alpha_1 e^{\alpha_2 t} - \alpha_2 e^{\alpha_1 t}) \} \tag{5}$$

b) $D > 0$: $\delta = \frac{c_1}{2}; \qquad \omega_0 = \sqrt{D}$

$$y(t) = \frac{A}{\delta^2 + \omega_0^2} [1 - (\frac{\delta}{\omega_0}\sin\omega_0 t + \cos\omega_0 t)e^{-\delta t}]$$
$$+ y'(0)\frac{1}{\omega_0}e^{-\delta t}\sin\omega_0 t$$
$$+ y(0)(\frac{\delta}{\omega_0}\sin\omega_0 t + \cos\omega_0 t)e^{-\delta t} \tag{6}$$

c) $D = 0$: $\delta = \frac{c_1}{2};$

$$y(t) = \frac{A}{\delta^2}[1 - (1+\delta t)e^{-\delta t}] + y'(0)te^{-\delta t} + y(0)(1+\delta t)e^{-\delta t} \tag{7}$$

3.   PROGRAMMAUFBAU

In dem angegebenen Programm wurden die Koeffizienten der Differentialgleichung, die Störfunktion und die Anfangsbedingungen selbst erklärend in
Dialogform aufgerufen. Als erste Ergebniswerte werden die Diskriminante
und im Fall der Schwingung auch die Periodendauer ausgegeben. Anschließend erscheint in der Anzeige des Rechners die Frage ob die Funktion $y(x)$
aufgezeichnet werden sollte. Falls diese als Merkmal für "ja" mit 1 quittiert
wird, fordert der Rechner die Koordinatengrenzwerte für das Diagramm. Anschließend wird mit Hilfe des im Drucker implementierten PLOT-Programms
die Funktion $y(x)$ mit der gewählten Schrittweite punktförmig ausgegeben.

Die vorgenannten drei Lösungswege werden nach Maßgabe des Wertes für
die Diskriminante über die Flags 1 für $D < 0$, 2 für $D > 0$ und 3 für $D = 0$
mit Hilfe der Unterprogramme D1, D2 und D3 bearbeitet. Als Merkmal für
den Aufruf des Diagramms $y = f(x)$ wird Flag 0 gesetzt und damit die Er-
gebnisausdrucke übersprungen. Das Programm benötigt einen Programm-
speicherbereich von 675 Bytes und zusätzlich 21 Datenregister (Tabelle 1).

4.   ANWENDUNGSBEISPIELE

a)   Fall 1:   D < 0 $y'' - 8y' + 15y = 30$

$$y'(0) = 1$$
$$y(0) = 5$$

Lösung: $y(x) = 2 + 7e^{3x} - 4e^{5x}$

Eingabedialog	Ergebnisausdruck

```
        Eingabedialog

           XEQ "DGL-2"

    Y// + C1 * Y/ + C0 * Y=G

    KOEFFIZIENTEN:
    C1 ?
              -8,00      RUN
    C0 ?
              15,00      RUN

    STOERFUNKTION:
    A ?
              30,00      RUN

    ANFANGSBEDINGUNGEN:
    Y/(0) ?
               1,00      RUN
    Y(0) ?
               5,00      RUN·
```

```
        Ergebnisausdruck

    DISKRIMINANTE:
    D = -1,00

    DIAGRAMM Y=F(X) JA=1:
                  1,00      RUN
    Y MIN ?
                  0,00      RUN
    Y MAX ?
                  5,00      RUN
    X-ACHSE ?
                  0,00      RUN
    X MIN ?
                 -1,00      RUN
    X MAX ?
                   ,30      RUN
    DELTA X ?
                   ,10      RUN

          PLOT OF D1
       X (UNITS= 1,) ↓
       Y (UNITS= 1,) →
          0,00         5,00
          0,00
       |------------------|
    -1,00|        x
    -0,90|         x
    -0,80|          x
    -0,70|           x
    -0,60|            x
    -0,50|             x
    -0,40|              x
    -0,30|               x
    -0,20|                x
    -0,10|                 x
     0,00|                  x
     0,10|                   >
     0,20|                 x
     0,30|     x

    X = 0,4000
    Y(X) = -4,3154

                       RUN
    Y(X=?):
                  ,5000      RUN
    X = 0,5000
    Y(X) = -15,3582
```

b)   Fall 2: $D > 0$ $\ddot{u} + \dfrac{1}{RC}\,\dot{u} + \dfrac{1}{LC}\,u = 0$

$$\dot{u}(0) = -\frac{U_0}{RC}$$

$$u(0) = U_0 = 1000 \text{ V}$$
$$R = 1000\ \Omega$$
$$L = 0,3 \text{ H}$$
$$C = 10^{-5} \text{ F}$$

Lösung: $y(t) = \left\{\ \dfrac{1}{\omega_0}\ [\,y'(0)+y(0)\,\delta\,]\ \sin\omega_0 t + y(0)\cos\omega_0 t\ \right\} e^{-\delta t}$

$$\delta = \frac{1}{2RC} \qquad \omega_0 = \sqrt{\frac{1}{LC} - \delta^2}$$

Eingabedialog

```
          XEQ "DGL-2"

Y// + C1 * Y/ + C0 * Y=A

KOEFFIZIENTEN:
C1 ?
        1.000,00 ENTER↑
            1-05        *
                        1/X
          100,00        ***
                        RUN
C0 ?
             .30 ENTER↑
            1-05        *
                        1/X
        333.333,33      ***
                        RUN

STOERFUNKTION:
A ?
            0,00    RUN

ANFANGSBEDINGUNGEN:
Y/(0) ?
        -10.000,00   RUN
Y(0) ?
        ' 100,00     RUN




X = 0,0310
Y(X) = 12,6986


                         RUN
Y(X=?):
            0,0500   RUN
X = 0,0500
Y(X) = -6,9304
```

```
DISKRIMINANTE:
D = 330.833,33

PERIODENDAUER:
T = 0,01

DIAGRAMM Y=F(X) JA=1
         1,00    RUN
Y MIN ?
       -100,00   RUN
Y MAX ?
        100,00   RUN
X-ACHSE ?
          0,00   RUN
X MIN ?
          0,00   RUN
X MAX ?
          0,03   RUN
DELTA X ?
         0,001   RUN
```

Ergebnisausdruck

```
        PLOT OF D2
  X (UNITS= E-2,) ↓
  Y (UNITS= 1,) →
        -100,          100,
                 0,
      +---------+---------+
0,00             |             x
0,10             |           x
0,20             |   x
0,30          x  |
0,40       x     |
0,50     x       |
0,60      x      |
0,70         x   |
0,80             x
0,90             |     x
1,00             |         x
1,10             |          x
1,20             |       x
1,30             |x
1,40          x  |
1,50        x    |
1,60       x     |
1,70        x    |
1,80         x   |
1,90             x
2,00             |  x
2,10             |    x
2,20             |    x
2,30             |  x
2,40             |x
2,50            x|
2,60        x    |
2,70        x    |
2,80        x    |
2,90           x |
3,00             x
```

c)   Fall 3: $D = 0$

$$y'' - 6y' + 9y = 18$$
$$y'(0) = 1$$
$$y(0) = 2$$

Lösung: $y = 2 + xe^{3x}$

Eingabedialog

```
        XEQ "DGL-2"

Y// + C1 * Y/ + C0 * Y=A

KOEFFIZIENTEN:
C1 ?
          -6,0000     RUN
C0 ?
           9,0000     RUN

STOERFUNKTION:
A ?
          18,0000     RUN

ANFANGSBEDINGUNGEN:
Y/(0) ?
           1,0000     RUN
Y(0) ?
           2,0000     RUN
```

Ergebnisausdruck

```
DISKRIMINANTE:
D = 0,0000

DIAGRAMM Y=F(X) JA=1:
           1,0000     RUN
Y MIN ?
           2,0000     RUN
Y MAX ?
           5,0000     RUN
X-ACHSE ?
                      RUN
X MIN ?
          -.5000     RUN
X MAX ?
           .5000     RUN
DELTA X ?
           .1000     RUN

      PLOT OF D3
   X (UNITS= E-1,) +
   Y (UNITS= 1,) +
      2,00        5,00
                  5,00
    |------------------|
 -5,00 x              !
 -4,00 x              !
 -3,00 x              !
 -2,00 x              !
 -1,00 x              !
  0,00 x              !
  1,00 :              !
  2,00   x            !
  3,00       x        !
  4,00           x    !
  5,00                x   !

X = 0,6000
Y(X) = 5,6298

                      RUN
Y(X=?):
           1,0000     RUN
X = 1,0000
Y(X) = 22,0855
```

Tabelle 1   Anweisungsliste des Programms DGL-2

PRP ""	52 "DISKRIMINANTE:"	104◆LBL 01	157 -
	53 AVIEW	105 "Y(X=?):"	158 RCL 14
01◆LBL "DGL-2"	54 "D = "	106 PROMPT	159 *
02 ADV	55 XEQ "PX"	107 STO 06	160 +
03 CF 01	56 AES		161 RCL 17
04 CF 02	57 SQRT	108◆LBL 00	162 /
05 CF 03	58 STO 17	109 FS? 02	163 2
06 "Y// + C1 * Y/ +"	59 STO 18	110 GTO 02	164 /
07 "⊢ C0 * Y=A"	60 CHS	111 FS? 03	165 GTO 04
08 AVIEW	61 STO 19	112 GTO 03	
09 ADV	62 FC? 02		166◆LBL 02
10 "KOEFFIZIENTEN:"	63 GTO 00	113◆LBL 01	167 "D2"
11 AVIEW	64 PI	114 RCL 12	168 ASTO 11
12 RCL 12	65 ENTER↑	115 2	169 XEQ 05
13 "C1 ?"	66 2	116 /	
14 PROMPT	67 *	117 ST- 18	170◆LBL "D2"
15 STO 12	68 RCL 17	118 ST- 19	171 RCL 17
16 RCL 13	69 /	119 "D1"	172 RCL 06
17 "C0 ?"	70 "PERIODENDAUER:"	120 ASTO 11	173 *
18 PROMPT	71 AVIEW	121 XEQ 05	174 2
19 STO 13	72 "T = "		175 /
20 ADV	73 XEQ "PX"	122◆LBL "D1"	176 PI
21 RCL 14		123 RCL 18	177 /
22 "STOERFUNKTION:"	74◆LBL 00	124 RCL 06	178 360
23 AVIEW	75 CLX	125 *	179 *
24 "A ?"	76 "DIAGRAMM Y=F(X)"	126 E↑X	180 SIN
25 PROMPT	77 "⊢ JA=1:"	127 STO 20	181 STO 18
26 STO 14	78 PROMPT	128 RCL 19	182 LASTX
27 ADV	79 X=0?	129 RCL 06	183 COS
28 RCL 15	80 GTO 01	130 *	184 STO 19
29 "ANFANGSBEDINGUN"	81 SF 00	131 E↑X	185 RCL 12
30 "⊢GEN:"	82 "Y MIN ?"	132 STO 21	186 2
31 AVIEW	83 PROMPT	133 RCL 18	187 /
32 "Y/(0) ?"	84 STO 00	134 *	188 STO 21
33 PROMPT	85 "Y MAX ?"	135 RCL 20	189 RCL 06
34 STO 15	86 PROMPT	136 RCL 19	190 *
35 RCL 16	87 STO 01	137 *	191 CHS
36 "Y(0) ?"	88 "X-ACHSE ?"	138 -	192 E↑X
37 PROMPT	89 CF 23	139 RCL 16	193 STO 20
38 STO 16	90 PROMPT	140 *	194 RCL 21
39 ADV	91 STO 04	141 RCL 20	195 RCL 17
40 RCL 13	92 FS? 23	142 RCL 21	196 /
41 RCL 12	93 ASTO 04	143 -	197 RCL 18
42 X↑2	94 "X MIN ?"	144 RCL 15	198 *
43 4	95 PROMPT	145 *	199 RCL 19
44 /	96 STO 08	146 +	200 +
45 -	97 "X MAX ?"	147 RCL 20	201 STO 21
46 X=0?	98 PROMPT	148 1	202 RCL 16
47 SF 03	99 STO 09	149 -	203 *
48 X(0?	100 "DELTA X ?"	150 RCL 18	204 RCL 18
49 SF 01	101 PROMPT	151 /	205 RCL 17
50 X>0?	102 STO 10	152 RCL 21	206 /
51 SF 02	103 GTO 00	153 1	207 RCL 15
		154 -	208 *
		155 RCL 19	209 +
		156 /	

```
210 RCL 20        234*LBL "D3"      260 CHS           281 PROMPT
211 *             235 RCL 12        261 1             282 STO 06
212 RCL 17        236 2             262 +             283 FS? 01
213 X↑2           237 /             263 RCL 14        284 GTO "D1"
214 RCL 12        238 STO 18        264 *             285 FS? 02
215 2             239 RCL 06        265 RCL 18        286 GTO "D2"
216 /             240 *             266 X↑2           287 FS? 03
217 X↑2           241 STO 19        267 /             288 GTO "D3"
218 +             242 CHS           268 +
219 X<> 21        243 E↑X                             289*LBL 05
220 RCL 20        244 STO 20        269*LBL 04        290 ASTO 11
221 *             245 1             270 FS? 00        291 FS? 00
222 CHS           246 RCL 19        271 GTO 00        292 XROM "PRPLOTP"
223 1             247 +             272 "X = "        293 ADV
224 +             248 STO 21        273 ARCL 06       294 CF 00
225 RCL 14        249 RCL 16        274 AVIEW         295 RTN
226 *             250 *             275 "Y<X> = "
227 RCL 21        251 RCL 15        276 XEQ "PX"      296*LBL "PX"
228 /             252 RCL 06                          297 ARCL X
229 +             253 *             277*LBL 00        298 AVIEW
230 GTO 04        254 +             278 RTN           299 PSE
                  255 RCL 20        279 CF 00         300 ADV
231*LBL 03        256 *             280 "Y<X=?>:"     301 RTN
232 "D3"          257 RCL 21                          302 .END.
233 XEQ 05        258 RCL 20
                  259 *
```

5.   LITERATURHINWEISE

[1] Doetsch, G.:   Anleitung zum praktischen Gebrauch
der Laplace-Transformation

R. Oldenbourg, München, 2. Auflage (1961).

[2] Alt, H.:   Anwendung programmierbarer Taschenrechner,

Verlag Vieweg, Braunschweig/Wiesbaden, Bd. 1
(1979), Bd. 2 (1980).

Pi-Bestimmung, TI–59
von Hans-Josef Claßen

1 BESCHREIBUNG DES PROGRAMMS

In der Mathematik wie auch in der Physik tritt häufig die Konstante π auf. Man benötigt sie zum Beispiel zur Kreisberechnung, aber auch zur Darstellung physikalischer Konstanten ist sie wichtig. Dieses Programm bestimmt die Konstante π iterativ auf verschiedene Arten.

2 BESCHREIBUNG DER VERFAHREN

2.1 Die Produktreihe: (1)

$$\frac{\pi}{2} = \frac{2^2}{1\cdot 3}\cdot\frac{4^2}{3\cdot 5}\cdot\frac{6^2}{5\cdot 7} \ \cdots$$

2.2 Vieleckverfahren: (2)

Das Verfahren geht von einem Kreis aus, in den ein Sechseck eingeschrieben und ein zweites Sechseck umgeschrieben ist. Aus diesen beiden Sechsecken werden über die Formel

$$U = 2\cdot\pi\cdot r$$

zwei Annäherungen an π berechnet, aus denen letztlich der Iterationsschritt folgt. Danach wird die Länge einer Sechseckseite halbiert, und das Verfahren wird wiederholt. Die Herleitung der dazu benötigten Formeln erfolgt über die Strahlensätze und den Satz von Pythagoras.

2.3 Die Summenreihe: (3)

$$\frac{\pi^2}{8} = \frac{1}{1^2} + \frac{1}{3^2} + \frac{1}{5^2} + \cdots$$

2.4 Die Definition: (4)

$$\pi = 4 \arctan 1 \qquad (\text{Winkelmaß Radiant})$$

2.5 Die Definition: (5)

$$\pi = 16 \arctan \frac{1}{5} - 4 \arctan \frac{1}{239} \quad (\text{Radiant})$$

2.6 Die Summenreihe: (6)

$$\frac{\pi}{4} = 1 - \frac{1}{3} + \frac{1}{5} - \frac{1}{7} + \ldots - \ldots$$

2.7 Die Summen-/Produktreihe: (7)

$$\frac{\pi}{6} = \frac{1 \quad 3 \quad \ldots \quad (2n-1)}{2 \quad 4 \quad \ldots \quad 2n} \cdot \frac{1}{(2n+1) \; 2^{n+1}}$$

2.8 Monte-Carlo-Verfahren: (8)

Das Verfahren bestimmt pro Iterationsschritt je 2 Zufallszahlen und fragt ab, ob der dadurch festgelegte Punkt in einem gedachten Einheitskreis liegt (Satz von Pythagoras). Je nachdem, ob der Punkt innen oder außen liegt, wird ein Register inkrementiert.

$$\frac{\pi}{4} = \frac{\text{Anzahl der inneren Punkte}}{\text{Anzahl der äußeren Punkte}}$$

3 PROGRAMMANWENDUNG

3.1 Programm einlesen

Dazu notwendig sind 3 Kartenseiten

3.2 das jeweilige Verfahren wählen

n bedeutet jeweils die Anzahl der Iterationsschritte

3.2.1 Vergleichswert drucken		→ Taste A
3.2.2 Verfahren (1)	n →	Taste B
3.2.3 Verfahren (2)	n →	Taste C
3.2.4 Verfahren (3)	n →	Taste D
3.2.5 Verfahren (4)		→ Taste E
3.2.6 Verfahren (5)		→ Taste A'
3.2.7 Verfahren (6)	Genauigkeit →	Taste B'
3.2.8 Verfahren (7)	Genauigkeit →	Taste D'
3.2.9 Verfahren (8)	Zufallszahl →	Taste E'
	n →	Taste C'

3.3 Ergebnisse

Die Iterationsschritte werden jeweils ausgedruckt. Für ein
neues Verfahren wieder bei Schritt 3.2 beginnen.

3.4 Angaben zum Programm

- Speicherbereichsverteilung: 559.49
- Software-Modul: ML-o1 (Standard)
- Programmschritte: 5o2
- Belegte Speicher: 1-11 Pgm 15, 12-35 Arbeitsregi-
                             ster

3.5 Aufteilung des Programms

Alle Verfahren stellen in sich eine Einheit dar, so daß sie
auch einzeln programmiert werden können und auch in den TI 58
passen. Folgendermaßen ist das Programm aufgeteilt:

-Schritte ooo-oo4: Vorbereitung für Verfahren (8)
-Schritte oo5-o16: Vergleichswert   ausgeben
-Schritte o17-134: Verfahren (2)
-Schritte 135-18o: Verfahren (3)
-Schritte 181-2oo: Verfahren (4)
-Schritte 2o1-26o: Verfahren (1)
-Schritte 261-293: Verfahren (5)
-Schritte 294-373: Verfahren (8)
-Schritte 374-432: Verfahren (6)
-Schritte 433-5o1: Verfahren (7)

Im Programmlisting sind die einzelnen Verfahren durch einen
durchgezogenen Strich gekennzeichnet. Bei allen Sprungbefehlen
ist die Adresse unterstrichen; die Stellen im Programm, an die
verzweigt wird, sind gebrochen unterstrichen.

3.6 Anwendungsbeispiel

Mit dem Vieleckverfahren soll eine Annäherung an π über 2o
Iterationsschritte berechnet werden. Dazu gibt man 2o ein und
drückt die Taste 'C'. Folgende Liste wird ausgedruckt:

```
3.897114317
3.465390309
3.289069465
3.211349311
3.175416164
3.158232591
3.149843613
3.145700746
3.143642336
3.142616402
3.142104254
3.141848385
3.141720502
3.141656574
3.141624613
3.141608633
3.141600643
3.141596648
3.141594651
3.141593652
3.141593652              π
    3145728.             N
```

N bedeutet die Anzahl der Ecken des Vielecks.

4 PROGRAMMLISTING

4.1 Teil 1

```
000  76  LBL      050  55  ÷        100  99  PRT      150  22  22
001  10  E'       051  43  RCL      101  97  DSZ      151  02  2
002  42  STO      052  15  15       102  12  12       152  44  SUM
003  09  09       053  95  =        103  00  00       153  21  21
004  92  RTN      054  42  STO      104  28  28       154  53  (
005  76  LBL      055  18  18       105  05  5        155  43  RCL
006  11  A        056  43  RCL      106  03  3        156  22  22
007  05  5        057  15  15       107  69  OP       157  65  ×
008  03  3        058  65  ×        108  04  04       158  08  8
009  69  OP       059  43  RCL      109  43  RCL      159  54  )
010  00  00       060  13  13       110  19  19       160  34  √X
011  69  OP       061  95  =        111  55  ÷        161  99  PRT
012  04  04       062  42  STO      112  02  2        162  97  DSZ
013  89  π        063  19  19       113  85  +        163  20  20
014  69  OP       064  43  RCL      114  43  RCL      164  01  01
015  06  06       065  18  18       115  17  17       165  44  44
016  92  RTN      066  65  ×        116  55  ÷        166  05  5
017  76  LBL      067  43  RCL      117  02  2        167  03  3
018  13  C        068  14  14       118  95  =        168  69  OP
019  98  ADV      069  95  =        119  69  OP       169  04  04
020  42  STO      070  42  STO      120  06  06       170  43  RCL
021  12  12       071  17  17       121  03  3        171  22  22
022  01  1        072  02  2        122  01  1        172  65  ×
023  42  STO      073  49  PRD      123  69  OP       173  08  8
024  13  13       074  14  14       124  04  04       174  95  =
025  06  6        075  53  (        125  43  RCL      175  34  √X
026  42  STO      076  43  RCL      126  14  14       176  69  OP
027  14  14       077  13  13       127  55  ÷        177  06  06
028  53  (        078  33  X²       128  02  2        178  25  CLR
029  01  1.       079  55  ÷        129  95  =        179  98  ADV
030  75  -        080  04  4        130  69  OP       180  92  RTN
031  43  RCL      081  85  +        131  06  06       181  76  LBL
032  13  13       082  43  RCL      132  98  ADV      182  15  E
033  33  X²       083  16  16       133  25  CLR      183  98  ADV
034  55  ÷        084  33  X²       134  92  RTN      184  05  5
035  04  4        085  54  )        135  76  LBL      185  03  3
036  54  )        086  34  √X       136  14  D        186  69  OP
037  34  √X       087  95  =        137  47  CMS      187  04  04
038  95  =        088  42  STO      138  98  ADV      188  70  RAD
039  42  STO      089  13  13       139  42  STO      189  01  1
040  15  15       090  43  RCL      140  20  20       190  22  INV
041  01  1        091  19  19       141  01  1        191  30  TAN
042  75  -        092  55  ÷        142  42  STO      192  65  ×
043  43  RCL      093  02  2        143  21  21       193  04  4
044  15  15       094  85  +        144  43  RCL      194  95  =
045  95  =        095  43  RCL      145  21  21       195  60  DEG
046  42  STO      096  17  17       146  33  X²       196  69  OP
047  16  16       097  55  ÷        147  35  1/X      197  06  06
048  43  RCL      098  02  2        148  95  =        198  25  CLR
049  13  13       099  95  =        149  44  SUM      199  98  ADV
```

4.2 Teil 2

200	92	RTN		250	32	X:T		300	30	30		350	68	NOP
201	76	LBL		251	05	5		301	00	0		351	68	NOP
202	12	B		252	03	3		302	42	STO		352	68	NOP
203	98	ADV		253	69	OP		303	29	29		353	97	DSZ
204	42	STO		254	04	04		304	93	.		354	26	26
205	23	23		255	32	X:T		305	02	2		355	03	03
206	01	1		256	69	OP		306	05	5		356	09	09
207	42	STO		257	06	06		307	01	1		357	05	5
208	24	24		258	25	CLR		308	32	X:T		358	03	3
209	02	2		259	98	ADV		309	36	PGM		359	69	OP
210	42	STO		260	92	RTN		310	15	15		360	04	04
211	25	25		261	76	LBL		311	71	SBR		361	43	RCL
212	43	RCL		262	16	A'		312	88	DMS		362	29	29
213	25	25		263	98	ADV		313	42	STO		363	65	×
214	33	X²		264	70	RAD		314	27	27		364	04	4
215	55	÷		265	01	1		315	36	PGM		365	55	÷
216	53	(		266	06	6		316	15	15		366	43	RCL
217	53	(		267	65	×		317	71	SBR		367	30	30
218	43	RCL		268	05	5		318	88	DMS		368	95	=
219	25	25		269	35	1/X		319	42	STO		369	69	OP
220	75	−		270	22	INV		320	28	28		370	06	06
221	01	1		271	30	TAN		321	53	(		371	25	CLR
222	54	)		272	75	−		322	24	CE		372	98	ADV
223	65	×		273	04	4		323	75	−		373	92	RTN
224	53	(		274	65	×		324	93	.		374	76	LBL
225	43	RCL		275	02	2		325	05	5		375	17	B'
226	25	25		276	03	3		326	54	)		376	98	ADV
227	85	+		277	09	9		327	33	X²		377	32	X:T
228	01	1		278	35	1/X		328	85	+		378	00	0
229	95	=		279	22	INV		329	53	(		379	42	STO
230	49	PRD		280	30	TAN		330	43	RCL		380	32	32
231	24	24		281	95	=		331	27	27		381	42	STO
232	02	2		282	60	DEG		332	75	−		382	33	33
233	44	SUM		283	32	X:T		333	93	.		383	01	1
234	25	25		284	05	5		334	05	5		384	94	+/−
235	43	RCL		285	03	3		335	54	)		385	42	STO
236	24	24		286	69	OP		336	33	X²		386	31	31
237	65	×		287	04	04		337	95	=		387	01	1
238	02	2		288	32	X:T		338	77	GE		388	94	+/−
239	95	=		289	69	OP		339	03	03		389	49	PRD
240	99	PRT		290	06	06		340	44	44		390	31	31
241	97	DSZ		291	25	CLR		341	01	1		391	01	1
242	23	23		292	98	ADV		342	44	SUM		392	44	SUM
243	02	02		293	92	RTN		343	29	29		393	32	32
244	12	12		294	76	LBL		344	43	RCL		394	04	4
245	43	RCL		295	18	C'		345	26	26		395	55	÷
246	24	24		296	98	ADV		346	66	PAU		396	53	(
247	65	×		297	42	STO		347	68	NOP		397	02	2
248	02	2		298	26	26		348	68	NOP		398	65	×
249	95	=		299	42	STO		349	68	NOP		399	43	RCL

4.3 Teil 3 + Labelliste

```
400  32  32       450  75   -        500  98 ADV
401  75   -        451  01   1        501  92 RTN
402  01   1        452  95   =
403  95   =        453  33  X²
404  65   ×        454  55   ÷
405  43 RCL        455  53   (
406  31  31        456  02   2
407  95   =        457  65   ×
408  44 SUM        458  43 RCL
409  33  33        459  35  35
410  50 I×I        460  85   +
411  77  GE        461  01   1
412  03  03        462  54   )
413  87  87        463  55   ÷
414  05   5        464  43 RCL
415  03   3        465  35  35
416  69 OP         466  55   ÷
417  04  04        467  08   8
418  43 RCL        468  95   =
419  33  33        469  49 PRD       001  10  E'
420  69 OP         470  33  33       006  11  A
421  06  06        471  43 RCL       018  13  C
422  03   3        472  33  33       136  14  D
423  01   1        473  44 SUM       182  15  E
424  69 OP         474  34  34       202  12  B
425  04  04        475  43 RCL       262  16  A'
426  43 RCL        476  34  34       295  18  C'
427  32  32        477  99 PRT       375  17  B'
428  69 OP         478  43 RCL       434  19  D'
429  06  06        479  33  33
430  25 CLR        480  77  GE
431  98 ADV        481  04  04
432  92 RTN        482  43  43
433  76 LBL        483  05   5
434  19  D'        484  03   3
435  98 ADV        485  69 OP
436  32 X:T        486  04  04
437  47 CMS        487  43 RCL
438  03   3        488  34  34
439  42 STO        489  69 OP
440  33  33        490  06  06
441  42 STO        491  03   3
442  34  34        492  01   1
443  01   1        493  69 OP
444  44 SUM        494  04  04
445  35  35        495  43 RCL
446  43 RCL        496  35  35
447  35  35        497  69 OP
448  65   ×        498  06  06
449  02   2        499  25 CLR
```

Pascalsches Dreieck, TI–58/59
von Manfred Sommerfeld

Dieses Programm errechnet alle Binominalkoeffizienten,
die zur Auflösung folgender Aufgabe benötigt werden:

$$(a \pm b)^n \qquad\qquad (1)$$

Folgende Aufgabe soll als Beispiel dienen:

$$(a + b)^6 \qquad\qquad (2)$$

Als Voraussetzung wird angenommen, daß der <u>Allgemeine</u>
<u>Binomische Lehrsatz für reelle Exponenten</u> bekannt ist.
Dabei treten Zahlenfaktoren (Koeffizienten) auf. Die
Binominalkoeffizienten lassen sich nun mit dem
PASCALSCHEN DREIECK
darstellen.

```
                    1                        n = 0
                 1     1                      n = 1
              1     2     1                   n = 2
           1     3     3     1                n = 3
        1     4     6     4     1             n = 4
     1     5    10    10     5     1          n = 5
  1     6    15    20    15     6     1       n = 6
1     7    21    35    35    21     7     1   n = 7
```

Dieses Dreieck ist ein Hilfsmittel, das die Ermittlung
der Binominalkoeffizienten auch demjenigen möglich
macht, der mit der Bildung von $\binom{n}{k}$ nicht vertraut ist.
Man erhält es, wenn man, beginnend mit $(a + b)^0 = 1$
und $(a + b)^1 = a + b$, die Koeffizienten dreieckförmig
untereinander bzw. die Gleichung:

$$(a + b)^{n+1} = (a + b)^n(a + b)$$

verwendet. (3)

Dabei entstehen die Zahlen jeder Zeile, indem die zwei
benachbarten Zahlen der darüberstehenden addiert werden.

$$\binom{6}{4} = \binom{5}{3} + \binom{5}{4} = 10 + 5 = 15 \qquad (4)$$

Das Pascalsche Dreieck läßt sich auf diese Weise be-
liebig fortsetzen.

Die Lösung der Aufgabe (2):

Da n = 6 ist, braucht man jetzt nur in der 6. Zeile
die entsprechenden Binominalkoeffizienten heraus-
schreiben.

$$1; \ 6; \ 15; \ 20; \ 15; \ 6; \ 1$$

$$(a + b)^6 = a^6 + 6a^5b^1 + 15a^4b^2 + 20a^3b^3 + 15a^2b^4 + 6a^1b^5 + 1b^6$$

Je höher n gewählt wird, desto mehr handschriftliche
Arbeit ist nötig. Dafür setzen wir nun den TI-59/58
ein. Die Binominalkoeffizienten unterliegen folgendem
Bildungsgesetz:

$$\binom{n}{K} = \frac{n\ (\ n-1\ )\ (\ n-2)\ \dots\ (\ n-(\ K-1)\ )}{1 \quad 2 \quad 3 \quad \dots \quad K} \qquad (5)$$

Diese Gleichung ist aber noch zu unhandlich für ein
Programm. Deshalb wird die Gleichung folgendermaßen
umgeschrieben:

$$\frac{n!}{(n-K)!\ K!} \qquad (6)$$

Mit dieser Formel ist der TI-59/58 in der Lage, alle
Binominalkoeffizienten bis n = 69! zu berechnen.

Programmerläuterungen:
Bei diesem Programm wird das Mathematik-Modul MU 10
als Unterprogramm zur Berrechnung der Fakultäten verwendet.

Als Alternative bietet sich das Fakultätsprogramm im
TI-Handbuch an. Es hat aber den Nachteil, daß es nur
sehr langsam arbeitet.
Wer nicht den Drucker PC 100 A/B/C besitzt, kann dieses
Programm trotzdem benutzen, da vor jedem Printbefehl ein
Pausenbefehl eingefügt ist.

Programmeingabe:
1. Programmlisting eigeben 6 OP 17
2. Speicherlisting eingeben
3. Programmstart mit der Taste A; es erscheint 505,
   R/S betätigen
4. Es wird der Programmname gedruckt, und eine Eingabe
   wird gefordert.
5. Die Binominalkoeffizienten werden untereinander ange-
   geben; bei erneutem Start nur R/S-Taste drücken, dann
   wie unter Nr. 4 weiter verfahren.

Literaturverzeichnis
(1) Formeln   Physik, Chemie und Mathematik in einem
               Band
               Verlag: Buch und Zeit Verlag GmbH in Köln
(2) Handbuch der Mathematik
               Verlag: Buch und Zeit Verlag GmbH in Köln

Simulation des OP 40 Befehls des TI-58

Laut TI-Handbuch verfügt der TI-58 über die Eigenschaft, daß sich mittels des OP 40 Tasten-Befehls
feststellen läßt, ob der Drucker PC 100 A/B/C ord-
nungsgemäß angeschlossen ist.
Diese wünschenswerte Eigenschaft läßt der TI-59 ver-
missen. Aber mit dem folgenden Programm läßt sich der
OP 40 Befehl auf einem TI-59 simulieren.)
Beim Anschluß des Druckers blinkt eine Null in der
Anzeige; ist der Drucker nicht angeschlossen, erfolgt
keine Reaktion der Anzeige.
Das Programm erklärt sich weitergehend selbst.

```
) LBL
  A
  STF
  07
  OP
  08
  INV
  STF
  07
  RTN
```

PASCALSCHES DREIECK

```
EINGABE:
        6.          EXP

AUSGABE:
        1.
        6.
       15.
       20.
       15.
        6.
        1.
                    ENDE
```

Step	Code		Step	Code		Step	Code		Step	Code	
000	22	INV	040	69	OP	080	99	PRT	136	32	X:T
001	96	WRT	041	05	05	081	43	RCL	137	43	RCL
002	76	LBL	042	25	CLR	082	00	00	138	01	01
003	11	A	043	69	OP	083	42	STO	139	95	=
004	05	5	044	00	00	084	09	09	140	67	EQ
005	00	0	045	91	R/S	085	71	SBR	141	89	π
006	05	5	046	42	STO	086	65	×	142	69	OP
007	91	R/S	047	00	00	087	95	=	143	31	31
008	43	RCL	048	42	STO	088	42	STO	144	61	GTO
009	12	12	049	01	01	089	02	02	145	12	B
010	69	OP	050	43	RCL	090	76	LBL	146	76	LBL
011	01	01	051	18	18	091	12	B	147	65	×
012	43	RCL	052	69	OP	092	43	RCL	148	43	RCL
013	13	13	053	04	04	093	00	00	149	09	09
014	69	OP	054	43	RCL	094	75	-	150	36	PGM
015	02	02	055	00	00	095	43	RCL	151	11	11
016	43	RCL	056	69	OP	096	01	01	152	12	B
017	14	14	057	06	06	097	95	=	153	58	FIX
018	69	OP	058	25	CLR	098	42	STO	154	00	00
019	03	03	059	69	OP	099	03	03	155	92	RTN
020	43	RCL	060	00	00	100	42	STO	156	76	LBL
021	15	15	061	98	ADV	101	09	09	157	89	π
022	69	OP	062	43	RCL	102	71	SBR	158	43	RCL
023	04	04	063	20	20	103	65	×	159	23	23
024	69	OP	064	69	OP	104	95	=	160	69	OP
025	05	05	065	01	01	105	42	STO	161	04	04
026	25	CLR	066	43	RCL	106	04	04	162	69	OP
027	69	OP	067	17	17	107	43	RCL	163	05	05
028	00	00	068	69	OP	108	01	01	164	25	CLR
029	98	ADV	069	02	02	109	42	STO	165	69	OP
030	76	LBL	070	69	OP	110	09	09	166	00	00
031	90	LST	071	05	05	111	71	SBR	167	98	ADV
032	43	RCL	072	25	CLR	112	65	×	168	91	R/S
033	16	16	073	69	OP	113	95	=	169	61	GTO
034	69	OP	074	00	00	114	42	STO	170	90	LST
035	01	01	075	69	OP	115	05	05			
036	43	RCL	076	31	31	116	43	RCL			
037	17	17	077	01	1	117	04	04			
038	69	OP	078	66	PAU	118	65	×			
039	02	02	079	66	PAU	119	43	RCL			
						120	05	05	003	11	A
						121	95	=	031	90	LST
						122	42	STO	091	12	B
						123	06	06	147	65	×
						124	43	RCL	157	89	π
						125	02	02	174	24	CE
						126	55	÷	190	25	CLR
						127	43	RCL			
						128	06	06			
						129	95	=			
						130	42	STO			
						131	07	07			
						132	66	PAU			
						133	66	PAU			
						134	99	PRT			
						135	00	0			

Binomialkoeffizienten, HP–41C
von Manfred Troll

1 AUFGABENSTELLUNG

Das Programm hat die Aufgabe, aus den gegebenen Größen "n"
und "k" den Binomialkoeffizienten zu berechnen. Die Berechnung soll auch für n>69 möglich sein und möglichst schnell
erfolgen.

2 LÖSUNGSWEG

2.1 Mathematische Grundlagen

Formel zur Berechnung des Binomialkoeffizienten

$$\binom{n}{k} = \frac{n!}{k! \cdot (n-k)!} \tag{1}$$

Beispiel zur Anwendung der Formel

$$\binom{5}{2} = \frac{5!}{2! \cdot (5-2)!} = \frac{1 \cdot 2 \cdot 3 \cdot 4 \cdot 5}{(1 \cdot 2) \cdot (1 \cdot 2 \cdot 3)} = 10$$

2.2 Lösungsweg

Es ergibt sich eine für die Berechnung wichtige Grenze für n,
da 69! die größtmögliche mit der eingebauten Funktion "FACT"
berechenbare Fakultät ist und für 7o! ein Überlauf eintritt.

2.2.1 n≤69

Hier erfolgt die Berechnung nach Formel 1 mit Hilfe der Fakultäten, die mit der Rechnerfunktion "FACT" bestimmt werden.

2.2.2 n>69

Das Prinzip, das der Behandlung dieses Falles zugrunde liegt,
ist die Berechnung der Fakultäten durch fortwährendes multiplizieren einer Startzahl mit jeweils um 1 erhöhten Werten
innerhalb einer Schleife. Da es sich beim Binomialkoeffizienten um einen Bruch handelt, kann durch aufeianderfolgendes

multiplizieren und dividieren, also durch gleichzeitiges Auf-
arbeiten des Zähler- und Nennerterms innerhalb eines Schleifendurchgangs die Startzahl kleingehalten werden und es sind
auch Berechnungen für n>69 möglich.

2.3 Genauere Beschreibung von Fall 2.2.2

Aufgrund eines Beispiels kann man sehen, daß die in Fall 2.2.2
beschriebene Berechnung durch geeignetes Kürzen beschleunigt
werden Kann.

$$\binom{8}{3} = \frac{1 \cdot 2 \cdot 3 \cdot 4 \cdot 5 \cdot 6 \cdot 7 \cdot 8}{1 \cdot 2 \cdot 3 \; \cdot \; 1 \cdot 2 \cdot 3 \cdot 4 \cdot 5}$$

Dabei ergeben sich zwei Kürzungsmöglichkeiten:
- Kürzen der Zahlen von 1 bis 3 (von 1 bis k)
- Kürzen der Zahlen von 1 bis 5 (von 1 bis n-k)
Durch Wahl der richtigen Möglichkeit lässt sich die Berechnung
noch einmal verkürzen. Ob die Zahlen von 1 bis k oder von
1 bis n-k gekürzt werden müssen, hängt vom Verhältnis zwischen
n und k ab.

2.3.1 Fall $\frac{n}{2} \leq k$ Beispiel: $\binom{8}{5}$;   n=8, k=5

Es werden die Zahlen von 1 bis k gekürzt

$$\binom{8}{5} = \frac{1 \cdot 2 \cdot 3 \cdot 4 \cdot 5 \cdot 6 \cdot 7 \cdot 8}{1 \cdot 2 \cdot 3 \cdot 4 \cdot 5 \; \cdot \; 1 \cdot 2 \cdot 3} = \frac{6 \cdot 7 \cdot 8}{1 \cdot 2 \cdot 3} = 56$$

2.3.2 Fall $\frac{n}{2} > k$ Beispiel: $\binom{8}{2}$;   n=8, k=2

Es werden die Zahlen von 1 bis n-k gekürzt

$$\binom{8}{2} = \frac{1 \cdot 2 \cdot 3 \cdot 4 \cdot 5 \cdot 6 \cdot 7 \cdot 8}{1 \cdot 2 \; \cdot \; 1 \cdot 2 \cdot 3 \cdot 4 \cdot 5 \cdot 6} = \frac{7 \cdot 8}{1 \cdot 2} = 28$$

3 PROGRAMMBESCHREIBUNG

3.1 Begriffsfestlegung (in Anführungszeichen die im Ablaufplan
verwendeten Bezeichnungen der Var.)

3.1.1 Startzahl (für Zähler "K" und Nenner "Y")
Die Startzahl ist diejenige Zahl, bei der mit der Multipli-
kationsserie zur Berechnung der Fakultät begonnen wird.

3.1.2 Endzahl (für Zähler "N" und Nenner "X")
Die Endzahl ist diejenige Zahl, bei der die Multiplikations-
serie gestoppt wird.

3.1.3 Laufvariable (für Zähler "K" und Nenner "Y")
Die Laufvariable ist diejenige Zahl für Zähler- und Nennerterm, mit der die Ergebnisvariable multipliziert bzw. dividiert wird.

3.1.4 Ergebnisvariable "Z"

Variable, die während der Schleifendurchgänge mit der Laufvariable für den Zähler multipliziert und die durch die
Laufvariable für den Nenner dividiert wird. Die Ergebnisvariable beinhaltet nach Beendigung der Rechnung das Ergebnis.

3.1.5 Bemerkung

Um Speicherplätze zu sparen, wurden im Programm für die
Startzahlen die gleichen Speicherplätze wie für die Laufvariablen verwendet.

<u>3.2 Programmablaufplan (PAP) mit Kommentierung</u>

Eingabe von N und K (N ENTER↑ K)

Prüfen, ob Berechnung direkt mit FACT   möglich

Berechnung des Binomialkoeffizienten
direkt mit der Funktion "FACT"

Zuweisung der Nennerendzahl (falls $\frac{N}{2} \leq K$
erfolgt später Änderung)

Zuweisung Startzahl für Nenner (immer 1)
und Ergebnisvariable (1 NE der Multipl.)

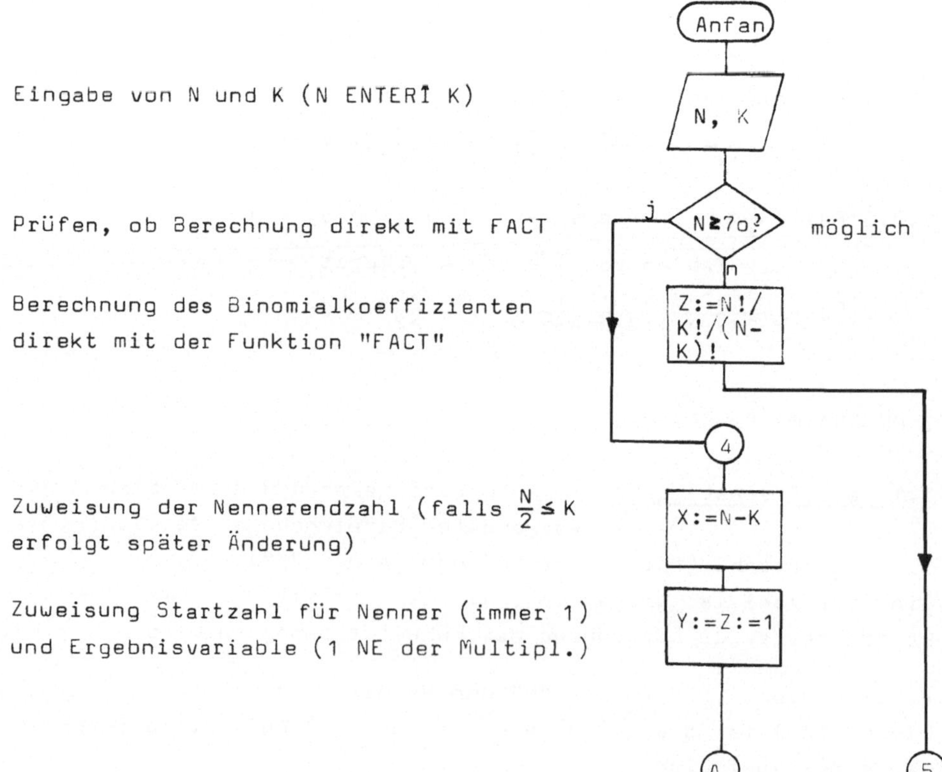

Zuweisungen, falls $\frac{N}{2} > K$. Die Werte
für X und K werden mit Hilfe der
Variable A getauscht (Dreiecks-
tausch).
K: Startzahl bzw. Laufvariable für
　　Zählertermberechnung
X: Endzahl für Nennertermberechnung

Falls X (Nennerendzahl) Null ist, kann
der Inhalt von Z (1) als Ergebnis ausgegeben werden (Beispiel $\binom{5}{5} = 1$).

Wenn der Wert der Laufvariable den
der Endvar. erreicht hat, Flag
1 setzen (Zählerber. beendet).

Umgehen der Erhöhung der Laufvar.
falls Flag 1 set.

Erhöhen der Laufvar. um 1

Multiplizieren der Ergebnisvariablen
mit der Laufvariablen (Zählerfakul-
tätsberechnung).

Flag 2 setzen, falls Nennerlauf-
variable Endzahl erreicht hat.

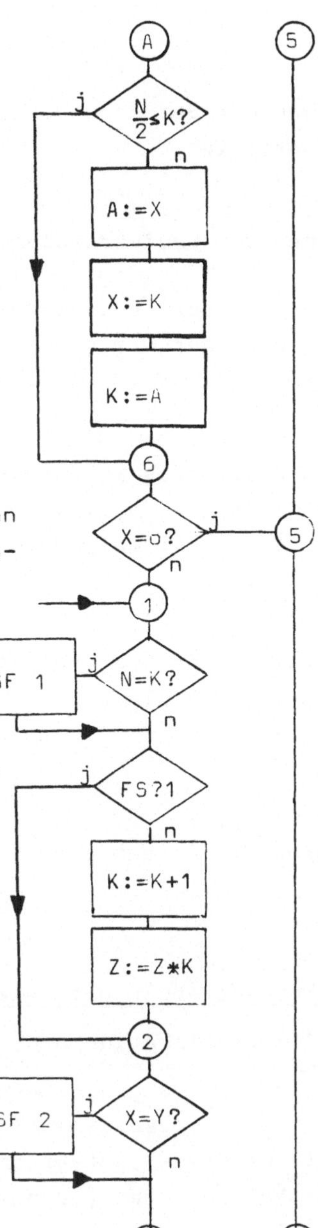

Umgehen der Berechnungen, falls Flag
2 gesetzt ist.

Erhöhen der Laufvariablen um 1

Dividieren der Ergebnisvariablen
durch die Laufvar. (Nennerfakultäts-
berechnung).

Falls Flag 1 clear (Berechnung
noch nicht beendet), wird die
Scleife noch einmal durchlaufen.

Herstellen des Ausgangszustandes
(Flag 1 und 2 clear)

Ausgabe des Ergebnisses

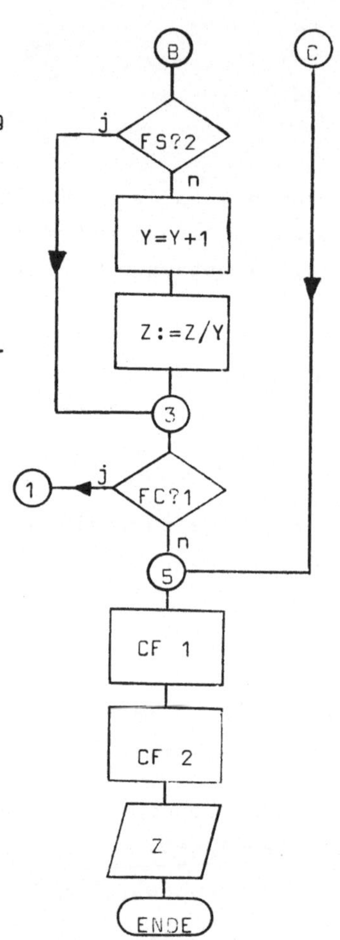

3.3 Kommentierung der wesentlichen Abläufe

3.3.1 Multiplikation bzw. Division der Ergebnisvariablen

Innerhalb eines Schleifendurchgangs wird die Ergebnisvar.
Z mit den Laufvariablen K multipliziert und durch Y dividiert. Da diese Laufvariablen die Werte von 1 bis K bzw.
1 bis N-K annehmen (genaueres siehe 3.3.3), wird durch die
Multiplikation bzw. Division die Zähler- und die Nennerfa-
kultät berechnet, da die Laufvariablen nach jedem Schleifen-
durchgang um 1 erhöht werden.

3.3.2 Abbruch der Berechnung

Das Ende der Berechnung für Zähler- und Nennerterm und für
den Stop des Programms überhaupt wird mit den Flags 1 und 2
bestimmt. Flag 2 wird gesetzt, wenn der Wert der Nennerlauf-
variable den Wert der Nennerendzahl erreicht hat. Wenn Flag 2
gesetzt ist, wird der Programmteil Erhöhung der Laufvariable
und Fakultätsberechnung umgangen. Dasselbe gilt für die Zäh-
lerberechnung in Verbindung mit Flag 1. Da für die Zähler-
berechnung stets mehr Schleifendurchgänge als für die Nennerberechnung nötig sind, kann man das Ende der Gesamtberechnung
ebenfalls von Flag 1 abhängig steuern; solange Flag 1 gelöscht ist, wird die Schleife durchlaufen, ist Flag 1 gesetzt,
ist die Berechnung zu Ende.

3.3.3 Tabelle 1 (Besetzung der Variablen)

Fall	$\frac{N}{2} \leq K$	$\frac{N}{2} > K$
Beispiel	$\binom{8}{5} = 56$	$\binom{8}{2} = 28$
Bsp. ausgeschr.	$\dfrac{1 \cdot 2 \cdot 3 \cdot 4 \cdot 5 \cdot 6 \cdot 7 \cdot 8}{1 \cdot 2 \cdot 3 \cdot 4 \cdot 5 \; \cdot \; 1 \cdot 2 \cdot 3}$	$\dfrac{1 \cdot 2 \cdot 3 \cdot 4 \cdot 5 \cdot 6 \cdot 7 \cdot 8}{1 \cdot 2 \; \cdot \; 1 \cdot 2 \cdot 3 \cdot 4 \cdot 5 \cdot 6}$
Bsp. gekürzt	$\dfrac{6 \cdot 7 \cdot 8}{1 \cdot 2 \cdot 3}$	$\dfrac{7 \cdot 8}{1 \cdot 2}$
Var. N	8 (N)	8 (N)
Var. K	5 (K)	6 (N-K)
Var. X	3 (N-K)	2 (K)
Var. Y	1	1
Var. Z	1	1

3.4 Listing mit Kommentierung

```
01◆LBL "BIN
 ··
02 "N↑K"            Eingabe von N und K
03 PROMPT
04 X<>Y
05 70               Überprüfen, ob die Berechnung mit
06 X<=Y?            "FACT" möglich ist (N ≤ 69).
07 GTO 04
```

```
08 RDN
09 ENTER↑
10 FACT            Berechnung von N!
11 X<> Z
12 -
13 LASTX
14 FACT            Berechnung von K!
15 X<>Y
16 FACT            Berechnung von N-K!
17 *
18 /               Berechnung und Abspeicherung von (N/K)
19 STO 05
20 GTO 05          Sprung zum Programmende
21◆LBL 04
22 RDN
23 X<>Y
24 STO 03          Setzen der Zählerlaufvariablen auf
25 X<>Y
26 STO 01          Startwert. Besetzen der Zählerend-
27 -               Zahl (o1).
28 CHS
29 STO 02          Besetzen der Nennerendzahl (o2) mit
30 1
31 STO 04          Startwert. Besetzen von Nennerlauf-
32 STO 05          variable (o4) und Ergebnisv. (o5)
33 RCL 03          mit 1.
34 RCL 01
35 2
36 /               Unterscheidung der 2 Fälle N/2 ≤ K
37 X<=Y?           & N/2 > K.
38 GTO 06
39 RCL 02          Austausch der Werte für X und K
40 STO 06
41 RCL 03          (o2 und o3) mit Hilfe von Reg. o6
42 STO 02          da N/2 > K.
43 RCL 06
44 STO 03
45◆LBL 06
46 RCL 02          Berechnung nicht nötig, da Nenner-
47 X=0?            endzahl = o? Falls ja, Sprung zum
48 GTO 05          Programmende.
49◆LBL 01
50 RCL 01          Beginn der Schleife bei LBL o1.
51 RCL 03
52 X=Y?            Prüfen, ob Zählerberechnung beendet.
53 SF 01           Falls ja: Flag 1 setzen.
54 FS? 01
55 GTO 02          Umgehen der Zählerber., falls Flag
56 1               1 gesetzt. Erhöhen der Zählerlaufv.
57 ST+ 03          (o3) um 1. Multipl. der Ergebnisv.
58 RCL 03
59 ST* 05          (o5) mit Zählerlaufvariable.
60◆LBL 02
61 RCL 02          Prüfen, ob Nennerberechnung beendet.
62 RCL 04
63 X=Y?            Falls ja: Flag 2 setzen.
64 SF 02
```

```
64 SF  02
65 FS? 02
66 GTO 03
67 1
68 ST+ 04
69 RCL 04
70 ST/ 05
71◆LBL 03
72 FC? 01
73 GTO 01
74◆LBL 05
75 CF  01
76 CF  02
77 RCL 05
78 END
```

Umgehen der Nennerberechnung, falls
Flag 2 gesetzt ist.
Erhöhen der Nennerlaufv. (o4) um 1.
Dividieren der Ergebnisvar. (o5)
durch Laufvariable (o4).
Falls Ber. noch nicht beendet, d.h.
Flag 1 gelöscht, Sprung zu LBL o1.
Herstellen des Ausgangszustandes
nach Ende der Rechnung und Anzeige
des Ergebnisses.

3.5 Speicherbelegung

Für die im PAP verwendeten Variablen wurden im Programm
folgende Speicher verwendet:

N - o1; X - o2; K - o3; Y - o4; Z - o5; A - o6

4 ANWENDUNGSBEISPIELE

4.1 Bedienung des Programms

Das Programm wird durch "XEQ BIN" gestartet. Es kann selbst-
verständlich durch die Tastenfolge "ASN ALPHA BIN ALPHA be-
lisbige Taste" irgendeiner Taste zugeordnet, so daß das
Programm durch Drücken dieser Taste gestartet wird.
Ist das Programm gestartet, erscheint in der Anzeige die
Eingabeaufforderung "N↑K".
Nun wird zuerst der Wert N des zu berechnenden Binomialkoeff-
izientens $\binom{N}{K}$ eingegeben, dann die "ENTER↑"-Taste gedrückt,
dann der Wert K eingegeben und die Taste "R/S" gedrückt.
Das Programm beginnt dann mit der Berechnung und zeigt dann
das Ergebnis an.

4.2 Beispiele

- $\binom{16}{9}$: XEQ BIN ; 16 ENTER↑ 9 - R/S ; 11440,0000

- $\binom{152}{16}$: XEQ BIN ; 152 ENTER↑ 16 - R/S ; ·1,7129   21

- $\binom{1512}{312}$: XEQ BIN ; 1512 ENTER↑ 312 - R/S ; OUT OF RANGE

Man sieht an Bsp. 2, daß das Programm zwar ziemlich lei-
stungsfähig ist, daß aber bei zu großen Werten trotzdem
ein Überlauf eintreten kann.

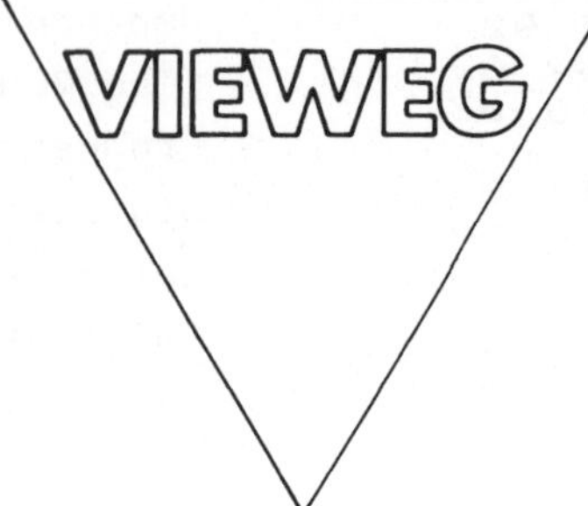

Vieweg Programmbibliothek
Taschenrechner

Herausgegeben von Helmut Alt und Harald Schumny

Band 1

Programmierung mathematischer Algorithmen

Mit 11 Programmen von Karl Achilles, Helmut Alt, Frank Altensen, Bernd Köhler, Andreas Lamers, Peter G. Poloczek, Achim Stößer, Alfred Weis. 1982. V, 92 S. DIN C5 (Vieweg Programmbibliothek Taschenrechner, Bd. 1). Kart.

Inhalt: Polynomberechnung — Berechnung der Kreiszahl — Berechnung von Fakultäten — Extrapolationsverfahren — Hypergeometrische Verteilung — Exponentielle Wachstumsbeschreibung — Allgemeines Iterationsverfahren.

Dieses Buch wendet sich an die Besitzer der Taschenrechner TI-59, CASIO FX-502P, HP-12C, HP-41C. Das Schwergewicht liegt auf der programmtechnischen Realisierung allgemein bekannter mathematischer Algorithmen.